"영유" 원장이 알려 주는

영 어 교 육 의

불편한

진실

"영유" 원장이 알려 주는 영어교육의

불편한 진실

| 정성민 |

• • • CONTENTS • • •

1. Who is Jack?　•　7

2. 영어, 영어, … 또 영어? (Too Much 그룹)　•　15

3. 조그만 아이들이 무슨 영어?　•　25

　　영어는 천천히~ (Too Little 그룹)

4. 영어는 이렇게? 저렇게? 요렇게?　•　37

　　(Off the Track 그룹)

5. Jack이 바라본 우리나라 영어 트렌드　•　47

6. 유학생 입장에서 본 교육 문화 차이　•　57

7. 해외 연수? 해외 유학?　•　75

8. "여기 원어민 100% 수업인가요?"　•　87

9. 결론 : 그래서… 도대체 어떻게??　•　99

1

Who is Jack?

1

Who is Jack?

저(Jack)는 서울에서 태어나 중학교 2학년 때 큰(?) 꿈을 품고 미국으로 건너가 Los Angeles에서 중학교(Jr. High)를 졸업했습니다. 그 후 미국을 떠나 캐나다로 이사하면서 Vancouver에서 고등학교(High)를 졸업했으며 다시 미국으로 건너와 University of Oregon에 입학하여 수학을 전공하였습니다.

처음에는 누나와 같이 살다가 캐나다로 가면서부터는 혼자서 생활하였고 부모님과 다른 가족들은 국내에 계속 있었기 때문에 자주 한국을 방문하여 양쪽 문화를 자연스럽게 익히게 되었습니다. 대학 2학년 때는 연세대로 1년간 교환 학생을 와서 국내 대학도 체험할 수 있었고, 이화여대에서 진행하는 여름 계절 학기도 수료하였습니다. 대학 졸업 후 Los Angeles로 돌아가 은행에 취업하여 Loan Officer로 근무하다가 2002년에 약 12년간의 해외 생활을 마치고 한국으로 돌아왔습니다.

2003년부터는 롯데 호텔 그룹 공채로 입사하여 마케팅 부서에서 일했고, 회사를 옮겨 그라비티 온라인 게임 회사에서 해외 마케팅 담당으로 커리어를 쌓던 중 영어 교육에 대한 열망이 생겨 종로 Testwise SISA 학원에서 회화 강의를 시작했습니다. 처음 해 보는 강의였지만, 일을 즐기면서 할 수 있음을 깨달으면서 진로를 교육 쪽으로 결정하게 되었습니다.

그 후 파고다 어학원을 비롯해 여러 곳에 출강하면서 성인 영어 시장은 실용 회화 중심이 아니라 TOEIC, TOEFL 같은 시험 위주임을 깨닫고 주니어 영어 쪽으로 눈을 돌리게 됩니다. 그리고 POLY라는 영어 유치원에 교수부장으로 들어가 웬만한 성인들보다 훨씬 영어를 잘하는 6~7세 아이들을 보면서 깜짝 놀랐고, 때마침 저의 사랑스러운 첫째 딸이 태어나서 막연했던 주니어 영어 교육 분야를 한 아이의 아버지로서 관심을 가지고 접하게 되었습니다. 2010년 캉스키즈 영어 유치원을 개원하면서 고용인으로서가 아닌 고용주로서 그동안 경험하지 못한 직접적인 학원 운영과 선생님 및 직원 관리 등을 경험하면서 많은 것을 느끼고 체험하였습니다.

개인 사정으로 2012년 말에 3년간의 학원 운영을 마치고 그 사이에 7세가 되어버린 저의 딸 중심으로 현재 그룹 과외를 진행 중이고, 서울외국인학교(Seoul Foreign School)에 Substitution

Teacher로서 재직하면서 LG Display와 GS Home Shopping 등에서 Business English Class도 강의하고 있습니다.

　　이제 제가 영어 교육을 하면서 느꼈던 점과 만나본 다양한 사례를 바탕으로 몇 가지를 이야기하고자 합니다. 이 글을 통해 영어 교육에 많은 시간과 돈을 투자하고 있는 학부모들에게 아이들이 사교육을 받으면서 생길 수 있거나 학부모가 미처 생각하지 못한 부분을 업계에 종사자로서 알려 드리고 싶습니다. 더 나아가 제 경험을 바탕으로 정리해 본 가이드라인이 영어 교육에 지친 분들에게 도움이 되기를 바랍니다.

고등학교 봄 방학 때의 일이다. 당시 Vancouver에 거주했던 나는 누나와 매형이 결혼 직후 석사를 하기 위해 거주하고 있는 미국 Los Angeles에 방문하기로 했다. 짐을 챙기고 있는데 누나한테서 전화가 왔다.

누나: 성민아 너 집에 이불 남는 거 있으면 하나 가지고 올래? 우리 집에 이불이 부족한데, 하나 더 사기는 좀 아까워서.
나 : 응, 마침 이불 큰 거 하나 남는데 내가 가져갈게, 누나.

그러고선 내 트렁크 가장 아랫부분에 이불을 넣고 그 위에 내 짐들을 챙겨서 LA행 비행기에 올랐다. 마침내 LA공항 도착. 수하물 찾는 곳에서 짐을 기다리고 있었다. 트렁크도 있고 해서 카트를 빼려고 하는데, 도저히 빠지지가 않았다.

이상하다 싶어서 안내문을 보니 1달러를 넣어야 카트가 빠지게 되어 있는 게 아닌가.(인천 공항은 이런 면에서 참 좋다~) 할 수 없이 지갑에서 1달러를 빼서 기계에 넣으니까 카트 하나가 얄밉게 쏙 빠졌다.

그 카트 위에 트렁크를 싣고 공항문을 나서자 누나와 매형이
미리 와서 반기고 있었다.

누나: 오느라 고생했다. 힘들진 않았고?

나 : 응, 당근이지. 한국도 왔다 갔다 하는데 LA쯤이야 뭐.

　　　와우 여기 날씨 너무 좋다. 몸 좀 말리고 가야겠다.

　　　(Vancouver는 10월 중순부터 4월 중순까지는 부슬부

　　　슬 비가 정말 자주 온다.)

매형: 맞어. 여기가 날씨는 정말 훌륭하지.

　　　(내 트렁크를 보면서) 그거 이불인가 보지?

나 : 예? 이불이요?

매형: (카트 아래쪽을 가리키며) 응, 그거 이불 아니야?

나 : …… (왜 불편하게 이 불이라고 생각하실까)

　　　아니요. 매형, 이거 일 불이던데요.

매형: (얘가 지금 뭐라는 거야…) 아니, 그거 이불 아니냐고?

나 : (끄응) 아니요… (카트를 당겼다 밀면서)

　　　이거 일 불이었어요…

그 이후 매형과 나는 약 2분 동안 대화를 하지 않았다.

2

영어, 영어,...
또 영어?
(Too Much 그룹)

2

영어, 영어, … 또 영어?
(Too Much 그룹)

우리나라에는 유명한 영어 유치원/어학원들이 셀 수 없을 정도로 많이 있습니다. 그런데 소위 유명하고 아이들을 잘 가르친다는 곳은 보통 공통점이 있습니다. 바로 아이들을 스파르타식으로 가르치고 있다는 것과 선행 학습을 즐겨 한다는 거죠. 이유는 간단합니다. 이렇게 해서 결과물을 보여 주면 아이들이 아무리 힘들어 해도 학부모들은 흐뭇해하거든요.

요즘 학부모들이 영어 교육(특히 조기 영어 교육)에 더욱더 목을 매는 이유는 본인들이 그렇게 열심히 했는데도 막상 적절한 영어를 구사할 수 없음에 자녀들에게는 이런 부분이 되풀이되지 않기를 바라는 마음이 크신 것으로 짐작됩니다. 하긴 제가 인터뷰어로 영어 면접을 진행해 보면 소위 SKY 대학을 나온 인터뷰이들도 영어 구사력이 타 대학생들보다 월등하지 않았던 것이 기억나는군요.

어쨌든, 영어 교육에 있어 조기 교육의 중요성은 두말하면 잔소리입니다. 특히 우리나라는 공교육을 시작하게 되면 영어가 문법, 어휘, 듣기 위주로 진행되기 때문에 아이들이 말하기, 쓰기에 몰입할 수 있는 나이는 5~7세밖에 없습니다. 문제는 영어를 시작하는 것은 좋으나 잘못된 주입식 교육으로 진행한다는 점입니다. 이는 교육계 종사자를 비롯해 많은 분들이 동의하는 문제점이지요. 그런데도 대부분 어학원에서 유치부 때 이미 해외 초등 교과 커리큘럼을 진행합니다.(Story Town, Treasure 등) 문제는 이 교재들은 태어나면서부터 영어를 하루 24시간 쓰는 아이들의 수준에 맞추어져 있다는 거죠. 해외에서는 우리나라처럼 아이들에게 압박감을 주는 교육을 하지 않기 때문에 교재들 자체에 어려운 표현이나 문장이 나오는 것이 아니라 토의•토론 위주의 수업을 하도록 이끌어 주는 교재들입니다.

이런 책들을 기반으로 고작 하루에 6시간 영어를 쓰는 아이들이 (오전 유치부 기준, 그것도 평일에만), 게다가 자기 레벨도 아닌 높은 레벨의 수업을 받고 있으니 아이들의 입장이 되어서 얼마나 수업이 잘 이뤄질 수 있을지 생각해 보시기 바랍니다. 그러다 보니 무리한 숙제가 나가게 되고, 정기적인 테스트를 보게 되고, 결국 애들 숙제가 학부모 숙제가 되어서 학부모들끼리 경쟁하는 어이없는 상황이 발생하기도 합니다.^^:: 결국 토의•토론 위주의 시스템으로 테스트 위주의 우리나라 교육을 하고 있는 셈이죠.

　그런데 말입니다…(그것이 알고 싶다 말투로^^) 우리나라 학부모님들이 그렇게 따지고 좋아하는 원어민 선생님들이 이런 영어가 제2외국어인 어린아이들을 데리고 어느 정도의 수업 성취도를 낼 수 있을까요? 예를 들어 선생님이, 교재에 나와 있는 질문인 "What is your favorite sea animal?"을 제시했을 때 애들은 거의 "Dolphin", "Shark", "Octopus"처럼 단답형으로 대답하는데, "Why do you like it?"이라고 물어보면 10중 8~9는 "Because it's cute." 등의 짧은 문장으로 대답한다는 거죠.(더 길고 구체적으로 말할 수 있는 친구들도 어리기 때문에 짧게 답합니다.) 경험이 많은 선생님들은 이런 아이들의 대답을 예상하고 있기 때문에 순차적으로 질문을 던지면서 아이들이 말을 하게끔 유도합니다. 예를 들어 "What can sea animals do? Can they fly? Can they hop?…" 또는 "What kind of sea animals do people like to eat? Tuna? Starfish?…" 등등.

　하지만 대부분 1년 계약을 마치고 돌아가는 원어민 선생님이 이런 수업을 진행하기에는 선생들의 수업 능력이나 열정과 상관없이 쉬운 일이 아닙니다. 이런 상황 자체를 거의 처음 접하는 선생님들이 많기 때문이죠. 저는 어학원을 운영하면서 원어민 선생님보다 실용 영어를 잘하시는 우리나라 선생님(또는 bilingual인 교포 선생님)들의 수업 진행에 더 만족했던 경우가 훨씬 더 많이 있었습니다.

어쨌거나 주입식 교육이 이어지다 보니 아이들은 수업을 재미없어하고 영어에 흥미를 잃어가게 되며 숙제는 계속 스트레스인데 옆에서 엄마는 계속 본인도 잘 못하면서 아이한테만 열심히 하라고 부추기는 상황이 계속됩니다. 학원은 철저하게 학부모의 요구에 맞춰야 하고, 학부모는 우리나라 교육 시스템에 익숙해져 있는 분들입니다. 이 점을 짚어 보시면서 과연 현재 영어 교육의 초점이 아이들에게 맞춰져 있는지 아니면 학부모에게 맞춰져 있는지 잘 생각해 보시기 바랍니다.

또 한 가지 문제는, 이런 식으로 어렸을 때부터 공부를 열심히 하던 아이들이 처음에는 영어를 좋아하고 적응을 잘하지만, 레벨이 올라갈수록 점점 영어 자체가 스트레스가 되고 아예 쳐다보기도 싫은 영역이 될 확률이 매우 높다는 것입니다. 보통 영어를 일찍, 그리고 많이 시키는 강남권이나 목동 쪽에서 이런 일들이 자주 일어나는 것을 보면 too much의 부작용이 당장은 아니지만 몇 년 후에도 일어날 수도 있다는 것을 알고 계셔야 합니다.(제 경험상으로는 일찍 시작한 친구들은 보통 초등학교 3~4학년 때 이런 상황을 맞게 됩니다.)

Jack's Advise : 누구는 phonics를 떼었네 마네, 누구는 미국 교과서 1.3을 한다네 2.1을 한다네, 누구는 TOSEL이나 Jr. PELT 에서 몇 점을 받았다네… 제발 이런 것들에 신경 쓰지 마시고, 아이 상태에 신경을 많이 써 주세요.

물론 영어 공부를 정말로 좋아서 하는 아이는 거의 없으므로 어느 정도의 노력과 의무감은 필요하지만, 문제는 장기전이 될 부분이기에 어릴 때 싫증을 내면 나중에 큰 타격을 입게 된다는 점입니다. 그러므로 아이의 스트레스 레벨을 잘 살펴 주시고 특히 왜 영어를 배워야 하는지 동기 부여를 계속 해 주는 것이 중요합니다. 개인적으로는 어머니가 자녀와 함께 영어 공부를 한다면 아이의 마음을 조금 더 이해하게 되고 가끔 가는 해외 여행/연수보다도 더욱 와 닿는 동기 부여가 된다고 생각합니다.(물론 해외 경험은 아이들에게 큰 동기 부여가 됩니다)

만약 아이들이 현재 레벨에 맞춰 잘하고 있는지가 궁금하시다면 실용 영어를 잘 구사하는 지인에게 부탁하여 의견을 듣는 것이 다른 학원에서 레벨 테스트 받는 것보다 훨씬 더 정확하고 객관적일 것입니다. 그리고 낮은 레벨에서는 필요하지만 레벨이 올라갈수록 발음, 어휘, 문법보다는 말하기, 쓰기 능력에 더 관심을 가져 주세요. 그 부분이 우리나라 공교육이 잡아 주지 못하는 영역이기 때문이죠. 또 아이들이 공부할 때 절대로 "넌 왜 배운 것도 모르니?", "왜 아직도 이런 것밖에 못 하니?" 등의 말은 자신이 공부했었을 때를 생각하면서 삼가 주세요. 그 말은 아버지들이 아들에게 "요새 군대 편하다던데…"와 비슷하게 들립니다.^^ 또 하나는 올림픽에서 선수가 딴 메달만 보지 마시고 그 메달을 따기 위해서 얼마나 많은 노력을 했을까를 생각하면서 우리 아이들을 바라봐 주세요. 화려한 메달 뒤에 우리가 보지 못한 피나는 노력이 있듯이 우리 아이들에게도 그런 부분이 있으니까요.

필자가 미국에 처음 갔을 때 같은 중학교에서 알고 지내던 어떤 한국 여자아이가 필자와 함께 학교 주변을 걷고 있었다. 그런데 덩치가 크고 약간 무섭게 생긴 흑인 아저씨가 그 여자아이를 보면서 말을 걸었다.

Man : Do you have the time? (지금 몇 시죠?)

Girl : [데이트 신청하는 줄 알고] No…

Man : Ummm… Do you have the time?
      (음. 지금 몇 시죠?)

Girl : I'm sorry, but I have no time. I'm busy now.
      (죄송한데 지금 바빠서 시간이 없어요.)

Man : [약간 짜증 섞인 목소리로]
      Nonono…. Do you have THE time!?
      (아니 아니 아니… 지금 몇 시냐구요?!?)
      [손목을 가리키며]
      on your watch! (시계를 봐 주세요.)

Girl : [순간 민망] Oh I'm sorry, it's 1 o'clock.
      (앗, 죄송해요. 지금 1시예요.)

Man : Thank you so much, young lady.
      (정말 감사합니다, 작은 숙녀분.)

해외 여행을 할 때 자주 있는 happening이므로 조심하시기 바란다. 특히 여자분들은…^^

3

조그만 아이들이 무슨 영어?
영어는 천천히~
(Too Little 그룹)

3

조그만 아이들이 무슨 영어?
영어는 천천히~ (Too Little 그룹)

일반 유치원에 다니는 아이들의 학습 과정에도 영어가 들어 있습니다. 저는 여러 일반 유치원의 영어 커리큘럼을 보았고, 또 학습지 등을 통해 영어를 접해 왔던 아이들의 레벨 테스트도 수차례 진행했습니다. 그러면서 항상 학부모에게 처음부터 새로 시작한다는 마음을 가지시라고 조언해 드렸습니다.

많은 커리큘럼이 체계적이지 않은 단기 학습 위주였고, 커리큘럼이 괜찮다고 하더라도 그것을 가르치는 선생님의 강의 방식이 구조적으로 좋은 성과를 내기는 어렵겠다고 느꼈습니다. 또한, 아이들이 너무 어리다고 생각해서서 최대한 스트레스를 주지 않고 영어를 접하게 해 주기 위해서 100% 놀이 위주의 수업이나 쓰기를 하지 않는 수업을 원하시는 부모님들도 많았는데요, 저도 이 생각에는 동의합니다만, 현실에서는 이렇게 수업한 친구들과 2. Too Much처럼 공부한 친구들은 실력 차이가 생각보다 훨씬 큽니다.

감이 잘 오지 않는 학부모들을 위하여 예를 들어 설명해 보도록 하겠습니다. 제가 운영하였던 영어 유치원에 7세 때 처음 영어를 접하고 들어온 지 약 9개월 정도 되는 한 아이가 쓴 일기를 보여드릴 텐데, 참고로 이 아이는 상위 30% 정도에 해당하던 아이였고 가르쳤던 담당 선생은 저(교포)와 영어를 잘하시는 한국인 선생님이 공동 지도하였습니다. 그대로 보여 주기 위해 전혀 편집하지 않았습니다.

"Today is my birthday.

I ate a birthday cake.

My father gave me a rubber can a

birthday givt (gift의 철자를 몰라 소

리나는 대로…).

My mom is kiss me.

I play with brather.

I play with rubber can.

I'm happy because mom is kiss me.

Good bye."

보시다시피 나이가 어려 문장을 길게 이어가지는 못하지만 자기의 생각을 마치 말하듯이 써내려 간 것을 알 수 있습니다. 이 아이의 어머니는 아이가 일기를 쓸 때 무엇을 쓸까에 대해서는 고민을 많이 하지만 막상 주제를 잡으면 쓰는 것 자체에는 시간이 그리 오래 걸리지 않았다고 하셨습니다.

정말 중요한 점은 givt → gift, brather → brother 같은 철자, 또는 My mom is kiss me. → My mom kissed me. 같은 현재/과거 시제, My father gave me a rubber can (for) a birthday gift 같은 전치사가 아니라 자기의 생각을 스스로 그리고 영어로 표현했다는 점입니다. 하지만 우리는 지금까지 막상 본인은 스스로 문장을 써 본 적도 없으면서 너무 남이 만들어 놓은 문장 고치기 연습만 하지 않았나요? 우리 아이들에게도 똑같은 교육을 물려주실 건가요?

5세까지는 놀이 위주의 수업이 맞는다고 생각하지만, 6세부터는 완전히 놀이 위주가 아니고 어느 정도 글쓰기를 하는 수업을 해야지만 실제 실력이 많이 느는 것을 현장에서 경험했습니다. 한글도 못 쓰는 아이가 영어를 어떻게 쓰냐는 학부모도 많이 계시지만, 한없이 아기처럼 보이는 우리 아이들… 저도 두 딸의 학부모로서 그 심정은 이해가 가지만, 실제로 6개월에서 1년이 지났을 때 6세 아이들이 영어 문장을 쓰는 것을 보시면 절대로 내 아이를 과소평가하면 안 되겠다는 생각이 팍팍 드실 것입니다.^^ 가끔 체계적인 커리큘럼 없이 그냥 원어민 선생님이랑 한두 시간 놀면(혹은 더 길게) 영어가 많이 늘 것이라는 생각을 많이 하시는데요… 물론 듣기나 말하기에는 어느 정도 효과가 있겠지만, 이런 식으로 꽤 오랫동안 수업을 받은 아이들을 많이 보았던 저로서는 얘네들은 대체 그동안 뭘 배웠는지를 고민해야 하는 경우가 대부분이었고, 학부모들 또한 초등학교 입학 후 다른 어학원 레벨 테스트 등을 보면서 화들짝 놀라는 경우가 많았습니다.

이런 놀이식 수업은 선생님 한 분에 같은 또래의 원어민 아이들로 반 편성이 가능하다면 훨씬 더 효과적일 것입니다. 저도 이렇게 반을 편성해서 운영하는 것을 생각해 보았지만, 수익성에 많은 문제가 있어 국내에서는 이런 체계를 갖추기는 힘들 것으로 보입니다.

Jack's Advise : 스트레스 없이 즐겁게 배우는 수업… 물론 매우 좋습니다. 하지만 정말로 자녀의 결과물이 듣기나 말하기에 국한되더라도 만족하실까요? 옆집 아이 누구는 영어로 벌써 일기를 쓴다네, 이야기책을 읽고 감상문을 쓴다네… 이런 말에 전혀 신경 쓰지 않을 자신이 없으시다면, 다시 한 번 생각해 보시기 바랍니다. '꼬맹이가 무슨 영어냐, 한글이나 잘 배워라' 하시거나 '영어

는 초등학교 들어간 후 시작해도 된다'고 생각하시는 학부모님들이 종종 있습니다. 그리고 저는 그 생각이 결코 틀린다고 생각하지 않습니다.

하지만 초등학교 들어가면서 방과 후에 영어뿐만이 아니라 태권도, 발레, 피아노, 바이올린, 수영, 한자, 중국어 등 세계에서 가장 바쁜 우리나라 초딩들이 영어에 집중할 수 있는 시간과 여력이 얼마나 있을지 생각해 보세요. 한국어 구사나 한글에 대해 걱정하시는 학부모께 저는 항상 이렇게 말씀드립니다.

"학부모님, 한국말 전혀 못 하는 외국 아이도 우리나라에서 초등학교 다니면 유창하게 한국어를 구사합니다." 또한 실용적인 영어를 공부하지 않은 학생도 입시 영어를 열심히 공부해서 좋은 대학에 진학할 수는 있겠지만, 졸업 후 영어 면접이나 승진 시험 등에서 어렸을 때 실용적인 영어를 익혔던 아이들과 경쟁하게 된다면 결과가 어떻게 나올까요? 이미 현재 취업 전선에서는 팀장 이상의 시니어들과 신입 사원들의 영어 구사력 차이가 어마어마하게 나는 것을 아버님들은 다 느끼고 계실 것입니다.

저는 우리나라 공교육이 영어 과목을 입시 위주가 아닌 철저한 언어 능력에 중점을 맞춘다면 6~7세부터 굳이 영어를 시작할 필요가 없다고 생각합니다.(개인적으로는 3~4학년부터 시작해도 된다고 생각합니다. 학교에서 실용 영어를 잡아준다면요) 하지만 몇십 년 전에도 배웠던 성문 종합 영어를 공부하고 있는 우리나라 중•고딩들을 보면 '피할 수 없다면 즐겨라'가 아니라 '피할 수 없다면 일찍 진짜를 배워라'라고 충고하고 싶습니다.

몇 년 전까지 우리나라 대학과 취업 전선에서 유일한 영어의 잣대였던 TOEIC 시험이 점점 실효성을 잃고 실용 영어 구사 능력과 말하기 능력이 점점 중요해지는 이유도 여기에 있습니다.

2011년 12월 18일에 방영되었던 KBS 스페셜 - "당신이 영어를 못하는 진짜 이유"(이하 KBS 스페셜)에 따르면 외국어를 어려서 습득한 사람은 모국어와 같은 뇌의 영역을 쓰면서 외국어를 말하지만, 나이가 들어서 외국어를 배운 사람은 별도의 영역을 쓴다고 합니다.

한마디로 어려서 영어를 습득한 아이들은 목이 마를 때, 'I want to drink something.'이라고 바로 나오지만, 나이 들어 영어를 배운 사람은 '뭐 좀 마시고 싶다'가 먼저 떠오르고 그것을 번역해서 'something drink I want'라는 식의 영어를 다시 배열해야 하므로 언어를 받아들이기가 훨씬 더 힘들다는 말이죠.

그리고 저는 현장에서 영어 공부에 엄청 노력하지만 실력은 많이 늘지 않는 어른들을 수없이 보았습니다. 참 안타깝죠. 우리 아이들도 나중에 커서 똑같은 경험을 한다면 어떻게 말해 주실 건가요? '원래 우리나라에서 살면 영어는 잘 못 하는 거야.'라고 말해 주실 건지요?

필자가 대학생 때 우리 학교로 한국에서 어학연수를 온 친구 민수(가명)와 있었던 일이다.

그 친구는 미국에 온 지 얼마 되지 않아 영어 발음을 항상 연습하고 있었는데, 하루는 그 친구와 바닷가 쪽으로 바람을 쐬러 갔다.(Oregon coast의 바다는 절벽 위주로 되어 있어서 해수욕에는 적합지 않지만, 경치가 정말 좋다.)

그런데 민수가 영어 연습을 해야 한다며 모든 일정에서 자기가 말을 하고 싶다고 해서 그렇게 하기로 하였다. 몇 번 가 보지 않은 곳이라 바닷가 근처까지 온 것 같았지만 정확하게 알기 위해서 그 근처를 지나시던 한 할아버지에게 길을 물어보게 되었다.

Minsoo : Excuse me, sir. Where is the beach here?
(실례합니다. 여기 바닷가가 어디 있나요?)

Old Man : [깜짝 놀라며] I beg you a pardon?
(다시 한번 말해 주겠어요?)

Minsoo : Where is the beach here?
(여기 바닷가가 어디 있나요?)

Old Man : [계속 놀라며] Who are you calling the bitch?
(그년이 누구인가요?)

그렇다. 발음이 안 좋아서 beach(바닷가, 해변)를 bitch(여자를 부르는 욕설)로 발음했던 것이고, 그 할아버지는 당연히 놀랐던 것이다.

다행히 오해는 풀렸고 beach를 잘 찾아서 구경하였다. Beach를 발음할 때는 항상 '비이~~치'처럼 길게 발음하도록 하자.

4

영어는 이렇게? 저렇게? 요렇게?

(Off the Track 그룹)

4

영어는 이렇게? 저렇게? 요렇게?
(Off the Track 그룹)

제가 보기에 가장 좋지 않은 상황인 그룹이 바로 이 Off the Track 그룹 같습니다. 이 그룹은 말 그대로 영어 공부는 열심히 하지만, 정작 중요한 부분은 구사하지 못하는 그룹입니다. 다양한 사례를 많이 보았는데요, 몇 가지 예를 들어보는 것이 것이 훨씬 와 닿으실 듯합니다.

Story Book 위주의 수업

말 그대로 기본적인 phonics를 익히지 않고 이야기 위주의 수업을 합니다. 이런 식으로 오래 공부한 학생들은 이야기책을 줄줄 읽을 수 있는 놀라운 능력을 갖추게 되지만, 막상 내용은 20~30%도 이해를 못 하는 경우가 많습니다. 특히 원어민 선생님과만 수업한 친구들은 이런 현상이 더 심하게 나타납니다. 원어민 선생님들은 아이들이 수업이나 줄거리를 어느 정도 이해하는지 파악하기가 어렵고 또 그다지 신경 쓰지도 않기 때문이죠. 그러면서도 막상 대화

능력은 거의 찾아보기 힘든 정도가 되어 있습니다. 만약 외국에서 한국어를 배우러 온 친구가 《콩쥐팥쥐》,《홍길동전》,《춘향전》 등의 이야기책만 계속 읽는다면 한국어를 과연 얼마나 구사할 수 있을지 생각해 보시기 바랍니다.

물론 이런 이야기책으로 하는 수업 자체가 나쁘다는 것은 아닙니다. 다만, 이러한 수업은 어디까지나 보조 수업이어야지 main이 되면 문제가 생긴다는 것입니다. 대학에서 영문과(English Literature)와 영어과(English Language)는 엄연히 차이가 있듯이요. 체계적으로 공부하지 않은 아이들에게 계속해서 이야기책을 읽으라고 하는 것이나 요즘 많이 생기는 영어 도서관에만 보내

면 내 아이가 영어를 잘할 것 같다고 생각하시는 것 역시 돌아볼 필요가 있습니다. 현장에서 교육자로 있는 제가 보았던 많은 아이들은 그렇지 않았으니까요.

한국어를 번역하는 수업

흔히 패턴 수업을 중심 커리큘럼으로 잡고 한국말을 끊임없이 영어로 번역하는 수업을 하는 학원들이 종종 있습니다. 가장 큰 문제는 영어는 절대로 한국말을 번역하면서 배울 수가 없다는 것이고, 또 패턴을 살짝만 벗어나도 말을 하지 못하는 경우가 다반사입니다.

한국말을 한국말로 이해하거나 영어를 영어로 이해하는 것은 실력만 갖춰진다면 어렵지 않으나, 한국말을 영어로 번역하거나 영어를 한국말을 번역하는 일은 참으로 어려운 일입니다. 어른이 되어서 영어 공부를 할 때 가장 방해 요소가 되는 부분이 바로 첫 생각이 자꾸 한국말로 떠오르는 것입니다. 그걸 영어로 바꿔서 말하거나 쓰려다 보니까 영어를 배우기가 힘들 수 밖에요.

아이들은 이런 과정을 훨씬 덜 겪을 수 있기 때문에 영어를 어릴 때 배우는 것이 중요한 것인데, 번역 수업은 뇌의 능력을 완전히 역주행하는 교육 방법이라고 생각합니다. 성인 영어에서도 한때 S어학원에서 스파르타식 패턴 영어가 잠깐 흥행했었지만, 결국 막을 내려야 했던 이유가 바로 패턴을 조금만 벗어나도 말이 막혀 버렸기 때문이죠.

위에서 제가 원어민 선생님들에 대해 부정적이 부분을 많이 알려 드렸지만, 분명 긍정적인 부분들도 있습니다. 특히 가르치는 학생들에게 어느 정도의 영어 능력이 있다면 훨씬 더 도움이 된다고 생각합니다.

예를 들어 "Who cut the cheese?"(누가 방귀를 뀌었니?) 같은 표현들은 아무리 외국에서 공부를 많이 한 선생님들도 들어보지 않으면 절대 알 수 없는 표현이니까요. 반대로 아무리 우리나라에서 오래 거주했더라도 제가 "여기가 당신 나와바리입니까?"라고 물어본다면 외국인은 알아들을 수 없는 것처럼요. 한마디로 영어는 절대 한국말로 배울 수도 없고 배워서는 안 된다는 것이죠.

입시 스타일의 수업

언뜻 보면 Too Much 그룹과 비슷해 보이지만, 다른 점은 문법과 어휘가 굉장히 강조된다는 것입니다. 6~7세 아이들에게 명사와 동사를 아무리 잘 설명한들 그 뜻을 제대로 이해할까요? 초등학교 1학년 필수 영단어에 나온 'gravity'나 'describe' 같은 단어를 아이들이 외운들 그 뜻을 얼마나 이해할까요? 다 제가 경험했던 일입니다. 이런 단어를 외우게 하여 테스트에서 아이들이 맞혔다고 한들 얼마나 아이들의 머릿속에 그 문법이나 단어들이 남아 있을까요?

어떤 영어 유치원에서 매주 두 문장 정도를 외우게 하여 시험을 봤는데, 이런 문장이 있었습니다.

"The Mayflower was the Pilgrim ship that made first historic voyage to the United States."

이 문장을 유치원 아이가 대체 얼마나 이해하면서 달달달 외울까요? 아이들이 배우고 있는 수업 내용이나 교재가 아이들 눈높이 맞추어져 있는지 꼭 확인해 보시기 바랍니다. 책을 읽다가 went라는 단어를 보고 궁금해하며 엄마에게 물어봐서 go의 과거형임을 찾아내는 아이는 극소수입니다. 대부분은 그런 게 있나 보다 하고 넘어가고 그나마 설명해 줘도 go가 무슨 말인지 아는 아이여야 이해하기 때문이죠.

Jack's Advise : 제가 영어 면접을 보게 되었을 때 면접관이 저에게 이런 질문을 했습니다. "아이들을 가르칠 때 가장 어려운 부분이 무엇입니까?" 저는 대답했죠. "Class에서 가장 잘하는 아이와 가장 못하는 아이의 중간을 찾아서 전체적으로 balancing하는 것이 가장 어렵습니다."

우리 아이들 영어 교육도 마찬가지라 생각합니다. Too Much도 아니고 Too Little도 아니면서 On Track으로 시키는 것… 그것이 가장 어려운 부분이라 생각합니다. 그리고 이 어려운 부분은 절대적으로 아이가 하는 것이 아닙니다. 그렇다고 선생님이나 학교/학원이 하는 것도 아니고 학부모가 짊어져야 하는 책임입니다.

대충 주위에서 많이 보내는 학원에 보내면서 잘하고 있으리라 생각하는 게 아닌지, 뚜렷한 기준 없이 여기저기 학원을 보내며 전전긍긍하는 것은 아닌지, 본인도 모르는 단어가 자녀 영어 교재에서 나와서 우리 애가 이렇게 어려운 것을 공부한다고 흐뭇해하고 계신 것은 아닌지, 아니면 달달 외운 문장을 말하거나 내용은 모르는 영어책을 줄줄 읽거나 영어 노래를 계속 잘 부르고 있어서 영어를 잘한다고 착각하는 것은 아닌지… 한 번쯤은 생각해 보시고 점검해 보시는 기회가 되셨으면 합니다. 우리 아이들의 시간은 되돌릴 수 있는 게 아니기 때문이죠.

고등학교 때 Vancouver에서 있었던 일이다. 그 당시 필자의 학교로 유학 온 대학생 형이 있었다. 그 형과 함께 주말에 영화를 보러 갔는데 그 형은 캐나다에서 영화를 처음 보러 간 형이었다.

영화를 보기 위해 표를 사고 팝콘도 하나씩 사 들고 자리를 잡았다.(참고로 미국/캐나다 극장은 지정석이 없다.) 영화 시작 전에 다른 영화의 예고편이 나왔다.

굉장히 재미있어 보이는 예고편 영화가 끝나고 화면에 큰 글자가 나타났다. 'Coming Soon' 그리고 또 다른 영화 예고편이 시작하는데 그 형이 필자를 툭툭 치면서 말했다.

그 형 : 성민아, 저 'Coming Soon' 진짜 재밌겠다. 우리 다음에 저것도 보러 오자.
나 : 네?!? 아~~~ 네, 형… 그래요. 다음에 또 같이 와요.

그런데 그다음 예고편이 끝난 후에도 똑같이 'Coming Soon'이 화면에 나왔다. 필자는 친한 형이라 놀리면서 말했다.

나   : 형, 저것도 'Coming Soon'인데요? 크크크.

그 형 : 이런! 크크크크.

그게[영화 제목이] 그게[Coming Soon] 아니었구나!!

흐흐흐. 그런데 너 왜 진작 나한테 말 안 했어,

이놈아!

성민 : 형이 나라면 말해줬겠수?

이렇게 재밌는데… 으흐흐…

5

Jack이 바라본
우리나라 영어 트렌드

5

Jack이 바라본
우리나라 영어 트렌드

우리나라에서는 보통 빠르면 4~5세, 늦으면 초등학교 입학 후부터 영어 공부가 시작됩니다. 이 시기에 학부모들이 항상 신경 쓰는 부분은 아이가 영어를 즐기면서 하고 있는지와 실용 영어를 제대로 하고 있는지입니다. 그리고 저는 이 실용 영어를 제대로 배우고 있는지 점검할 수 있는 방법에 대하여 이 글을 쓰고 있고요.

그런데 초등학교 고학년쯤에 레벨이 올라가면서 실용 영어를 가르치는 학원 교재들이 불필요하게 어려워지면서 아이들은 스트레스를 많이 받고 학부모들은 점점 입시 스타일의 영어 교육으로 눈을 돌리게 됩니다. 그리고 이때부터는 아이들의 진짜 영어 실력보다는 성적이 모든 것을 말하는 시대가 되어 버립니다. 어차피 국내에서 대학을 진학하기 위해서는 입시를 공부해야 하고 실질적인 영어 실력은 잘하면 좋지만 대학을 가기 위한 필수 요건은 아니기에 원하는 대학에 합격할 때까지 잠시 잊혀집니다.

그런데 문제는 대학에 합격한 이후입니다. 대학만 합격하면 모든 인생이 잘 풀리는 듯 보였으나 막상 대학을 가면 실용 영어가 다시 부각되면서 어학연수나 유학을 다녀오기도 하고 6년 이상 작별했던 실용 영어를 스터디 그룹을 만들거나 학원에 다니면서 다시 열심히 공부하게 됩니다. 하지만 정작 또 눈앞에 필요한 건 졸업과 입사 지원 시 서류 통과에 필요한 TOEIC 점수이다 보니 결국 다시 시험을 위한 영어 공부를 하게 됩니다.

이렇게 졸업도 잘하고 서류도 통과하였는데… 영어 면접에서 갑자기 면접관이 영어로 말을 해 보라고 합니다. 그동안은 쭉 빈칸 채우기, 틀린 부분 찾기, 듣기/읽기, 단어 외우기로 공부했던 사람에게… 말을 하랍니다… 그것도 영어로… 자기 생각을… 더군다나 요새는 영어 면접 때 "Please tell me about yourself." 같은 질문을 하지 않습니다. 면접 준비생들이 다 외워오기 때문이죠. 제가 영어 면접을 진행할 때 실제로 했던 질문입니다.

"Please explain how we can utilize smartphone and SNS as our marketing tool."

이런 질문을 하면서 말을 하라고 하면 80% 이상의 면접자들은 당황하면서 제대로 말을 하지 못하게 됩니다.

제가 예전에 종로에서 회화 강사를 하고 있을 때 즐겨보던 '미녀들의 수다'라는 프로그램에서 한 미녀분이 이런 말을 했습니다. "왜 한국사람들은 그렇게 영어를 중요하게 생각하면서 TOEIC 시험에 목매는지 모르겠어요. 유럽에서는 사람들이 특별히 영어 공부를 열심히 하지 않는데도 웬만한 커뮤니케이션은 영어로 가능한데 말이죠." 저는 이 말에 전적으로 동의했습니다. 그 당시 제가 가르치던 회화반에는 총 70명 정도의 수강생이 있었다면 TOEIC반에는 500명이 넘는 수강생이 있었거든요. 더군다나 말하기는 안 되도 듣기는 어느 정도 잘 되는 분들이 어찌나 CNN/BBC 청취는 열심히 하시던지 그쪽도 200명 정도의 수강생이 있었습니다.

하지만 국내에 오래 체류하면서 전반적인 사정을 보니 이런 식의 비합리적인 영어 교육 방법이 사람들의 선택에 의해서가 아니라 사회 전반적인 시스템에 의해서 일어나는 현상임이 눈에 보였습니다. 그리고 이렇게 잘못 자리 잡은 시스템이 조금씩 개선되는 것은 같으나 핵심적인 부분은 단기간에 바뀌기가 어렵지 않을까 추측해 봅니다. 그도 그럴 것이 몇 년 전에 수능 영어 시험 대신 NEAT 시험이 도입되려고 할 때 참 좋은 시스템이라고 생각했으나, 공교육을 기준으로 진행해야 히는 대학 입학시험에서 NEAT 시험에 맞춰 학생들의 쓰기와 말하기 실력을 점검해 줄 수 있는 학교 영어 선생님이 얼마나 계실까 했기 때문입니다.

또한 열심히 노력해서 교사가 되신 학교 영어 선생님들이 바뀐 입시 전형으로 피해를 받는다면 그 역시 문제가 있겠다는 생각이 들었습니다. 아니나 다를까 NEAT 시험 계획이 현실적인 문제들로 전면 취소가 되었더군요.

제 개인적인 생각으로는 임용 고시를 수정하여 새로 배출되는 영어 선생님들이 아이들에게 실용 영어를 가르칠 수 있는 분들로 채운 후 다시 시도해 보는 것이 어떨까 합니다. 어느 정도 공교육에서의 기반이 마련되었을 때 NEAT 같은 시험 제도가 생긴다면 조금 더 현실적이지 않을까요? 사교육 문제에도 어느 정도 도움이 될 수 있을 것 같고요. 하긴 조선 시대에 과학을 중요하게 생각하지 않

아서 그런지 우리나라 교육에서 이공계 기피 현상이 생겼고 날이 갈수록 심해지고 있는데, 이 부분을 언론에서 아무리 문제 삼아도 별다른 대책이 나오지 않는 것을 보면, 영어 교육 문제도 언제쯤에야 구조적으로 개선될지 막막하기만 합니다.

어쨌든 전반적인 우리나라 영어 트렌드를 생각하면 제가 어학원을 운영할 때 학부모 설명회에서 제일 처음으로 학부모들에게 던졌던 질문이 떠오릅니다.

'자녀들의 영어 교육 목적이 서울대를 보내기 위함입니까, 아니면 국제적인 인재가 되기를 바람입니까?'

자녀들의 영어 교육을 장기적으로 내다보면서 커리어까지 생각한다면 생활 영어를 반드시 배울 수 있도록 하시라는 의도였습니다. 그리고 영어를 제대로 배운(특히 말하기/쓰기) 사람은 굳이 몇 형식의 무슨 용법, 관사, 형용사절, x인칭 대명사 등의 새로운 말을 배우지 않아도 시험도 잘 볼 수 있다고 설명했습니다. 완전한 문장을 쓸 수 있는 사람에게 단어 몇 개를 비워 놓고 뭐가 들어갈지 물어본다면 말 그대로 a piece of cake (누워서 떡 먹기) 아닐까요?

KBS 스페셜에서는 영어와 전혀 다른 어순과 구조를 모국어로 사용하면서도 영어 말하기 점수에서는 굉장히 높은 점수를 받는 핀란드에 가 보았습니다. 핀란드는 인구 전체의 70% 이상이 영어를 구사할 줄 알고 ETS(Educational Testing Service) 기준 영어 말하기가 세계 3위라고 합니다. 취재진이 직접 핀란드의 수도인 헬싱키를 찾아가서 길거리 인터뷰를 영어로 진행했는데요. 참여자 전원이 영어로 어떤 질문을 들어도 원어민 수준은 아니어도 꽤 유창한 실력으로 대답하는 장면이 나옵니다.

더 흥미로운 것은 이런 인터뷰들을 국내로 가지고 와서 연세대학교 영어코퍼스연구소 라는 곳에서 분석했더니 핀란드 응답자 93.4%가 2,000단어 안에서 대답했다고 하는군요. 그리고 이 2,000단어는 우리나라 중학생 수준이라고 합니다.

자, 우리 영어 교육의 현실을 그대로 보여 줍니다. 굉장히 중요한 핵심을 KBS 스페셜이 보여 주었는데요, 그것은 바로 우리가 영어에서 정작 부족한 부분은 단어나 문법이 아니라는 점입니다. 물론 노력이 부족하지도 않습니다. 우리 영어의 아킬레스건은 영어로 의사소통을 못 한다는 점입니다. 특히 말하기는 문제 중의 문제, problem 중의 the problem이라는 말이죠.

이런 점을 생각해 보면서 우리 자녀에게 과연 어려운 단어를 많이 외우게 하는 게 중요한지, 공교육에만 의존하는 게 괜찮은지, 시험만 잘 봐서 좋은 대학만 가면 되는 건지, 영어책만 계속 읽으면 괜찮은 건지 고민해 보시기 바랍니다.

결국 영어도 언어인데, 의사소통이 되지 않는다면, 다른 걸 아무리 잘한다고 한들… 무슨 소용이 있을까요?

얼마 전 한 외신 기자가 우리나라에서 연봉 기준 40억을 버는 (제 연봉은 왜 이 모양일까요?^^) 한 중·고등학생 영어 강사를 인터뷰하는 모습이 TV에 나왔습니다. 그 강사가 인터뷰에서 했던 말이 참 인상적이었는데요. "저는 제 직업이 자랑스럽지 않습니다. 학생들이 너무나 비효율적으로 영어 공부를 하고 있기 때문이죠."라고 하더군요. 우리 아이들, 실용 영어를 배울 수 있는 기간은 역시 초등학생까지인가 봅니다. 로마에 가면 로마법을 따르듯이 비효율적이라도 대학은 가야 하기 때문이죠

미국에서 중학교 재학 중에 있었던 일이다. 선생님이 숙제와
관련해서 어떤 인쇄물을 나누어 주셨는데, 필자의 앞에서 종
이가 다 떨어져 버렸다. 앞에 아이가 돌아보면서 말했다.

Classmate : You should ask the teacher for your sheet.
(선생님께 너 인쇄물 달라고 해야 할 것 같아.)

나 : Oh, OK. (응. 알았어.)

[선생님을 부르며]

Excuse me, Mr. Robinson. Can I have the
sheet?" (로빈슨 선생님. 저도 인쇄물 받을 수
있을까요?)

필자가 이 말을 마치자마자 반 아이들이 필자를 쳐다보았다.
그렇다. 필자의 발음이 안 좋아서 'Can I have the sheet?'이
'Can I have the shit(똥)?"으로 들렸던 것이다.
똥을 달라고 했으니 다들 황당했을 법도 하다.
필자만 얘네들이 왜 다들 날 쳐다보나 궁금해했었다.

하지만 선생님께서는 웃으시면서 필자에게 shit이 아닌 sheet
를 주셨다. 비이~~치와 마찬가지로 종이를 의미하는 sheet를
발음할 때는 항상 쉬이~~트로 길게 해야 오해를 사지 않음을
기억하자.

6

유학생 입장에서 본
교육 문화 차이

6

유학생 입장에서 본 교육 문화 차이

제가 경험했던 중학교(미국), 고등학교(캐나다), 대학(미국&국내)을 토대로 우리나라 교육 체계와 북미 학교의 교육 체계를 비교해 보도록 하겠습니다. 가장 먼저 비교가 되는 부분은 당연히 학습량입니다. 북미 학교는 중·고등학교 모두 서너 시쯤 마치고 하교하게끔 되어 있고 보충 수업이나 방학 과제 등 수업 시간 이외의 학습을 학생들에게 강제로 시키지 않습니다.

따라서 대학에서 까지도 모든 쪽지 시험(quiz)이나 시험(test)을 주로 금요일에 보게끔 하여 주말을 즐길 수 있도록 배려해 주는 편입니다.

다음으로 성적표(report card)에는 학업 성적뿐만 아니라 태도 점수도 따로 표기됩니다. 제가 미국에 처음 갔을 때 미국은 개방적인 나라니까 괜찮겠지 생각하고 체육 시간에 껌을 씹으면서 수업을 들었는데, 한 학기 내내 그것에 대해 아무 말도 안 하셨던 체육 선생님이 제 태도 점수에 이 부분을 언급하며 Unsatisfactory를 주셨던 기억이 납니다. 이런 식으로 학교 내 규칙(rule)을 만들어 놓고 중학생임에도 불구하고 그 규칙을 강제로 지키라고 하는 식이 아니라 따르지 않을 경우 일정한 불이익(penalty)를 주어 스스로 규칙을 지키게끔 교육합니다. 따라서 개방적으로 보이는 부분들도 많이 있습니다만(예를 들어 선생님이 복도를 지나가는데 중학교 남녀 학생이 키스하고 있어도 못 본 척하시면서 그냥 지나갑니다.), 실제로는 국내 학교보다 규칙이 더 많으며 이를 어길 시 엄격히 처벌받게 됩니다.

실제로 제가 고등학교 재학 중 제 차에 있는 물건을 훔쳐간 한 아이는 처음 그런 짓을 했음에도 불구하고 바로 퇴학 처리되었습니다. 우리나라처럼 폭행을 당하고도 피해자가 전학을 가야 하는 상황은 미국에서는 거의 불가능하다고 생각됩니다.

한편 예체능 수업이나 클럽 활동도 정규 수업과 마찬가지로 중요합니다. 따라서 과학 실험실만큼 예체능 수업을 위한 시설도 보통 학교마다 잘 마련되어 있습니다. 고등학교에 들어가서는 과목도 필수와 선택으로 나뉘게 되는데, 제가 다닌 학교는 10학년(고1) 필수는 영어, 수학, 체육, 과학(물리/화학/생물 중 한 개), 제2외국어였고, 점점 줄어들어 12학년(고3)에는 필수 과목이 영어와 제2외국어 밖에 없었습니다.

　하지만 본인이 대학에 가서 전공하려면 그 과에서 요구하는 과목들이 있습니다.

　예를 들어 의대를 가고 싶다면 수학, 생물, 물리, 화학을 모두 선택해야 했죠. 총 수업은 8개였습니다. 요새는 어떤지 모르지만 제가 고등학교 다닐 때만 해도 이과생 같은 경우는 20개가 넘는 과목을 학습한다고 들었는데, 그 많은 과목을 어떻게 다 하는지와 꼭 해야만 하는 건지에 대해 한 번쯤 생각해 볼 필요는 있다고 생각합니다.

과목마다 약간 빈도 차가 있지만, 거의 비슷하게 시간표가 정해져 있으며, 우리나라 고등학교처럼 예체능 수업을 일주일에 1회만 하지는 않습니다. 저는 선택 수업으로 체육 수업을 들었는데 11~12학년 때 했던 수업들을 생각해 보면 농구, 배구, 배드민턴, 소프트볼, 프리스비, 하키, 스키, 카누, 컬링, 수구/수영, 테니스, 골프, 볼링, 육상, 축구, 풋볼 등 정말 스포츠다운 수업을 했습니다.

여름에는 카누 여행, 겨울에는 스키 여행도 필수였고요. 스포츠 수업 외에 마약에 관련된 수업 및 CPR(심폐소생술) 등의 응급 처치 수업도 했습니다. 한마디로 우리나라 학생들이 농구는 몇 명에서 하는 스포츠인지 책을 보고 외우고 있다면, 수업 시간에 농구를 하면서 자연스럽게 몇 명에서 하는 경기인지 알게 되는 거죠. 거기에 실제 경기를 통해 배구 토스가 보기보다 얼마나 힘든지, 수구에서 물에 떠 있으면서 공 다루기가 얼마나 힘든지, 컬링에서 스위핑은 왜 하는 건지 또 그것을 할 때 두 다리를 어떻게 운용하는 건지 등 전부 체험으로 배우게 됩니다.

그러다 보니 어른이 되어서도 건전한 취미 생활로 이어지는 경우가 많고, 새로운 스포츠를 배우는 데 관심을 가지게 되기도 합니다.

이러한 운동은 우리나라의 동호회 스포츠 문화와 크게 다른 점이 한 가지 있는데, 그것은 바로 스포츠를 즐기려고 한다는 것입니다. 우리나라에서는 즐기려는 스포츠보다는 누구나 한 종목을 잘하기 위해 노력을 하더군요.

그래서 어떤 운동을 시작해 보기 전에 장비부터 사고 레슨부터 받는 사람들이 많이 있더라고요. 그러다 계속 관심을 갖고 열심히 잘하면 다행이지만 레슨만 하고 연습만 하다가 흥미가 떨어져 관두시는 분들도 많이 있는 것 같습니다.

즐기면서 하는 레저 스포츠가 정착되기 위해서는 교육 현장에서 체육도 다른 과목과 동등하게 수업이 이루어져야 할 것 같고, 학교들도 제2의 박지성, 이승엽, 김연아, 박태환 같은 스타 선수 양성 또는 체대 입시 준비생들을 위한 수업이 아니라 일반 학생들이 여러 스포츠를 경험해 볼 수 있는 학문으로 진행해야 할 것 같습니다.

그렇게 되면 스포츠를 건전한 취미 생활로 즐길 수 있는 사람들이 늘게 되고, 사회적으로 아저씨들은 만나면 무조건 술, 아줌마들은 만나면 무조건 커피에 수다라는 그리 생산적이지 않은 패턴도 어느 정도 깨지게 될 수 있지 않을까 하는 생각도 해 봅니다.

거의 전 국민이 어렸을 때 피아노를 배우고 학교에서도 음악을 배우지만, 막상 어른이 되면 취미 생활로 즐기는 악기 하나 없는 것이 대부분인 것을 보면(미국에서는 정말로 어른이 되어서도 '도레미파솔라시도'를 모르는 사람들이 꽤 많습니다^^) 다른 예체능 쪽도 비슷한 상황인 것 같습니다.

저는 골프 레슨을 받지 않아서 대학 졸업 후 현재까지 약 15년간 계속 백돌이(100타) 실력을 유지하고 있는데요… 미국에서는 필드에서 저보다 못 치면서도 좋아서 깔깔거리며 계속 땅볼만 치는 사람도 많이 보았지만, 국내 필드에서는 일단 저보다 못 치는 사람이 굉장히 드물고 잘 치면서도 자기 스코어에 만족하지 않고 스트레스 받으며 치는 사람들도 많아서 놀라웠습니다.

또한 무조건 암기를 하는 수업을 최대한 지양하는데요, 예를 들어 역사나 언어 등의 수업은 어쩔 수 없지만, 수학 같은 경우는 기본적인 이해를 하고 문제를 풀게끔 합니다. 그러다 보니 우리나라에서는 3단계 정도로 답이 나올 문제를 6~7단계로 늘리게 되는데, 답을 찾는 게 목적이 아니라 어떻게 답을 찾는지에 중점을 맞추고 있기 때문입니다.

화학 같은 경우도 주기율표를 외우는 대신 시험 볼 때 학생들에게 나눠 주게 되어 있습니다. 물리 수업 때 비어 있는 카드를 하나씩 주면서 그 카드 내에서 배웠던 공식을 모두 적어올 수 있게 해 주셨던 선생님도 기억나네요. 한마디로 공식을 외우느라 괜히 고생하지 말고 배운 공식을 활용해서 문제를 푸는 데 집중하라는 얘기 겠죠.

여기서 또 한 가지 큰 차이점이 있는데, 바로 내신을 위한 시험 과정입니다. 미국 같은 경우도 SAT라는 대학 입학을 위한 시험은 정부에서 일률적으로 진행하고, 캐나다도 Provincial Test라는 이름으로 각 주 정부에서 시험을 진행합니다. 하지만 학교 내 성적을 위한 시험은 반드시 학생을 가르쳤던 선생이 출제하게끔 되어 있습니다.

제가 우리나라에서 중학교에 다니면서 무척 이해가 안 갔던 부분이기도 한데요. 저는 수업을 A 교사에게 받았는데 B 교사가 낸 시험을 풀어야 하는 것이었지요. 그러다 보니 저를 가르쳤던 선생님이 중요하다고 말한 부분은 출제가 안 되었던 적도 있고 중요하게 말씀해 주시지 않았던 부분이 시험에 나오니 결국은 이것저것 참고서를 많이 풀어 본 아이가 성적이 좋았었죠. 골프 레슨을 받더라도 기본적인 부분은 같아도 세부적인 부분에 들어가게 되면 가르치는 선생이 누구냐에 따라서 레슨 내용이 엄청나게 달라집니다.

그런데도 불구하고 한 학년의 시험을 한 명의 선생님이 출제한다는 것은 참 이상한 구조라는 생각이 듭니다.

또 하나 제가 학교를 북미 쪽에서 다니면서 인상 깊었던 점은 선생님들이 학생들에게 성적에 차별 없이 공평하게 대해 주신다고 느꼈던 점입니다. 물론 공평하다는 것이 보는 시점에 따라 다를 수도 있겠지만 말이죠.

지금도 그런지 모르겠지만 제가 우리나라에서 학교에 다닐 때에는 선생님들이 공부를 잘하는 학생에게 은근히 보이지 않은 배려(?)를 해 주던 것을 많이 느꼈었는데, 아마도 선생님들의 실적이 아이들 성적과 맞물려서 그런 현상이 나오는 게 아닐까 합니다. 아무튼 아직도 기억이 나는데, 중학교 때 수학 시간에 어떤 한 백인 아이가 정말로 말도 안 되는 수학 문제를 틀려 놓고도 선생님이 그 부분에 대해서 설명해 주고 계시는데 옆 아이와 떠들다가 교실에서 쫓겨난(kick out) 적이 있습니다.

그때 저는 미국에 간 첫 해여서 수학 선생님이 단단히 화가 나셨을 것으로 생각하고, 선생님에게 찍혔으니 그 아이가 일 년 동안 고생 좀 하겠다고 생각했습니다. 그런데 이게 웬 걸요… 바로 그 다음 날 수학 선생님은 언제 화냈느냐는 듯이 그 아이와 즐겁게 대화를 나누고 있었습니다. 한국에서 유학을 간 저로서는 이 상황이 무척 당황스러웠죠.

그래서 아직도 기억에 생생히 남아 있고요. 아무튼 이런 식으로 성적에 관련해서 또는 지나간 일에 관련해서는 학생들에게 꽤 공평하게 대해 주는 모습은 무척 인상적이었습니다.

또 학교 수업이 물론 중요하지만, 하루라도 빠지면 큰일 날 법한 우리나라의 분위기와는 분명 달라 보였습니다. 부모님 스케줄에 맞추어서 여행을 가게 되면 2~3주 정도는 아무렇지도 않게 학교를 빠지는 아이들이 많았습니다. 학교에서도 그런 아이들에게는 자연스럽게 학교를 빠질 수 있도록 허락해 주었고요. 물론 미국의 교육시스템이 다 훌륭하다고 말하고 싶지는 않습니다. 다만, 무엇인가를 학창 시절에 체험할 기회가 생겼는데 너무 학교 출석만을 고집하면서 그 기회를 놓치게 된다면 그것이 과연 좋은 교육이겠느냐는 의구심은 듭니다.

이런 분위기는 꼭 학생들만 그런 게 아니었습니다. 선생님들 또한 몸이 안 좋아서 수업하는 데 무리가 있다고 생각이 들면 과감히 학교에 연락해서 병가를 신청합니다. 요새는 없어진 것 같은데, 예전에 제가 초등학교에 다닐 때에는 개근상이라는 게 있어서, 그것을 받으려고 전염성이 있는 질환을 앓는 아이들도 학교에 나오는 것을 흔히 볼 수 있었습니다. 제가 6학년 때는 학교에서 풍진이라는 피부 전염병이 돌았었는데, 아이들이 그 병에 걸려도 계속 출석하여 저를 포함해서 참 많은 아이들이 그 병에 걸렸던 기억이 납니다.

그런데 이런 분위기가 대학에 진학하면서는 180도 바뀌게 됩니다. 우리나라 대학생들은 졸업 평점이 3.5를 넘는 경우가 굉장히 많던데요. 미국에서는 거의 모든 수업이 절대 평가여서 수강생 중에 10% 정도만 A를 받고 꽤 높은 비율의 학생들이 D나 F를 받습니다. 또, 성적 때문에 교수님을 찾아가서 상의하면 조금 더 나은 성적이 나오는 경우도 종종 있는 것 같던데, 미국에서는 그런 식으로 성적이 바뀌는 것을 한 번도 본 적이 없습니다.

대학에 입학하여 1~2학년 때는 성적을 잘 못 받다가 재수강을 많이 해서 성적을 올리는 학생들도 국내에서는 많이 봤으나, 학교마다 다르겠지만 제가 다닌 대학은 C 성적을 받은 과목을 재수강해서 A를 받아도 C와 A가 모두 성적에 반영되었습니다. 그만큼 대학에서는 좋은 성적을 받기가 어렵기 때문에(특히 이공계는 더욱 어렵습니다) 교수님이 굳이 출석 체크를 열심히 하지 않아도 학생들이 알아서 다들 수업에 참여하는 분위기입니다.

제가 전공했던 수학 같은 경우는 낮은 레벨이건 높은 레벨이건 수업 전에 출석 체크를 한 적이 한 번도 없습니다. 교환 학생으로 1년간 연세대에 다니면서 놀랐던 부분이 수업 시작 전에 그 많은 학생 이름을 일일이 부르고 출석이 성적에 반영된다는 점입니다. 그러다 보니 한 학생이 다른 친구들 출석을 대신하는, 소위 말하는 대출도 많이 보았습니다. 이런 행동은 대출을 하지 않은 다른 학생들이 손해를 보는 행동이라는 생각도 듭니다.

아무튼 좋은 성적을 받기가 어렵다 보니 알아서 수업을 듣는 분위기가 되고 교수님마다 office hour라고 해서 일주일에 1~2회 자기 연구실을 의무적으로 학생들에게 개방하여 수업에 관련해서 도움도 주고 토론도 할 수 있는 시간을 갖도록 합니다. 제 기억에 3~4학년 수학 수업을 들을 때에는 office hour를 가면 거의 모든

수강생이 숙제를 스스로 하기가 힘들기 때문에 교수님 방에 모여 있는 경우가 자주 있었습니다.

숙제도 엄청나게 많고 시험은 또 어찌나 자주 보는지 제가 다닌 학교는 quarter system이어서 한 quarter가 10주였고 3주, 8주에 중간고사(mid-term exam)를 두 번 보고 11주 차에는 기말고사(final exam)를 봐야만 했습니다. (참고로 우리나라 대학 같은 학기를 semester system이라고 하는데 fall/spring semester로 나뉘고 졸업 학점은 140학점 전후입니다.

미국에는 제가 졸업한 학교처럼 quarter system을 쓰는 대학도 많이 있는데 fall/winter/spring quarter로 나뉘고 졸업 학점은 180학점 전후입니다.) 그러면서 매주 금요일에는 쪽지 시험 격인 quiz를 진행하고 매주 목요일에는 그 주의 숙제를 제출하게 되어 있습니다. 제가 일주일치 숙제를 미루다가 수요일에 모두 해 본 적이 있었는데 정말로 꼬박 아홉 시간이 걸린 적도 있었습니다. 그리고 이 모든 것(숙제, quiz, mid-term #1, #2, Final)이 합산되어서 그 학기의 성적이 나오게 되죠.

상황이 이렇다 보니 널널했던 중·고등학교 때와는 달리 대학에서는 수업이 굉장히 중요하게 여겨집니다. 제가 4년간 미국에서 대학 생활을 하던 중 수업이 취소되었던 경우는 단 한 차례였던 것으로 기억합니다.

연세대에 다니면서 놀랐던 부분은 휴강도 많을뿐더러 단체로 결석하는 경우도 꽤 있다는 것입니다. 예를 들어 시위할 때, 연고전을 할 때, 학과 MT나 OT를 갈 때, 축제 때 등 정말 자주 있더군요.

다시 한 번 말씀드리지만, 저는 미국/캐나다 교육 시스템이 우리나라 교육 시스템보다 월등히 좋다고 생각하지는 않습니다. 다만, 입시 제도만 매년 바뀌고 본질적인 교육 체계는 몇십 년째 거의 바뀌지 않는 우리나라 교육이 천천히라도 진정으로 우리 아이들을 위한 교육으로 개선되기를 희망해 보면서 이 글을 씁니다.

그리고 제가 이런 얘기를 꺼냈을 때 가장 안타까워하고 가장 힘들어 하시는 분들이 우리나라 현직 교사들이었습니다. 저는 그분들의 노고에 정말 존경심을 보내고, 앞으로 우리나라 교육이 구조적으로 발전하기 위해서는 현직 교사분들의 아이디어나 의견이 많이 반영되어야 한다고 생각합니다.

필자가 미국에서 은행 근무를 할 때 있었던 에피소드다. 그 당시 필자가 근무했던 가주 외환은행에 teller(흔히 은행 창구에서 입/출금 담당을 하는 분들)분들은 대부분 영어가 유창한 편은 아니었다.

한 직원이 필자가 잠시 자리를 비운 사이 고객(미국인)이 불러주는 전화번호를 열심히 적으셔서 필자가 돌아왔을 때 전해 주시면서 바로 연락을 부탁 받았다고 하셨다.

그래서 바로 전화를 했는데 자꾸 다른 사람이 전화를 받는 게 아닌가. 할 수 없이 회신을 못 해 드리고 다른 일을 하고 있는데, 그분께서 다시 필자에게 전화하셔서 왜 회신을 안 하느냐고 따지셨다. 그래서 적힌 번호로 전화했는데 자꾸 다른 사람이 받았다고 하니 황당해하시면서 필자에게 전화번호를 다시 한 번 불러 주셨다.

그런데… 그런데… 알고 보니 이렇게 되었던 상황이었다.

Teller : Thanks for calling Pacific Union Bank. How can I help you?" (가주 외환은행에 전화해 주셔서 감사합니다. 어떻게 도와드릴까요?)

Man : Yes, I'd like to speak with one of your loan representative. (네. 대부계 쪽 담당자와 통화를 했으면 합니다.)

Teller : I'm sorry, but our loan officers are not here at the moment. Can I have your name and phone number? (죄송합니다만, 지금 자리에 안 계시는데 손님 성함과 연락처를 받을 수 있을까요?)

Man : Sure, my name is Kevin Brown[가명] and my phone number is two one three, two six two, seven eight nine oh[가번]. (네, 저는 Kevin Brown이고요, 제 연락처는 213-262-7890입니다.)

그런데 필자가 받은 메모에는 전화번호가 213-262-7895라고 적혀 있었다. 영어가 그다지 유창하지 않은 teller분은 전화번호를 들을 때 제일 마지막 숫자 0을(미국에서는 전화번호를 얘기할 때 zero 대신 oh라고 많이 한다.) 'oh'라고 하니까 순간적으로 우리말 '오'와 헷갈려서 5를 적어 놓은 것이었다.

7

해외 연수?
해외 유학?

7

해외 연수? 해외 유학?

국내에서 영어 교육을 어떻게 할지 고민하다 보면 해외 쪽으로 연수나 유학을 생각하는 분들이 많이 있습니다. 그리고 저는 기회와 여건만 허락한다면 이런 연수나 유학을 경험하는 것은 매우 좋다고 생각합니다. 다만, 어차피 한 번 돈을 크게 들여서 영어 연수/유학을 보낸다면 20대가 되기 전에 가는 것이 더 효과적이고, 가급적이면 6개월 이상 가는 것이 실제 영어 구사 능력에 도움이 된다고 생각합니다.

KBS 스페셜에서도 언급했듯이 사람의 뇌는 20대 전후가 되어서는 언어 능력에 있어서 모국어 구사에 가장 알맞게 발달한다고 합니다. 그러므로 아이들의 뇌가 모국어에 맞춰서 발달하기 전에 자연스럽게 영어를 접할 기회를 주는 것이 중요하다고 봅니다. 방학 동안 잠깐씩 다녀오는 아이들을 봐도 모든 레벨이 섞여서 같이 가는 연수 프로그램으로 영어 구사 능력이 확연하게 늘어서 오는 아이는 거의 없습니다. 그래서 학원을 운영할 때에도 방학 연수에 대해서 상담하시는 학부모들에게 연수를 방학만 짧게 보낸다면 어학 능력을 위해서라기보다는 다른 나라의 문화 체험, 영어를 해야 하는 동기 부여에 조금 더 중점을 두고 보내시라고 조언해 드렸습니다.

제가 다니던 대학교에 6개월에서 1년간 어학연수를 온 학생들에게도 어차피 성인이 다 되어서 연수를 왔고 또 ESL(English as a Second Language)을 위한 학교 프로그램은 어차피 한국에서 배우는 커리큘럼과 비슷하므로 너무 영어를 수업으로 익히려고 하지 말고 다양한 체험, 여행 등을 통하여 자연스럽게 영어를 접해 보는 게 훨씬 더 효과적이라는 점도 덧붙였지요.

물론 짧게 연수로도 실력이 부쩍 늘어서 온 언어에 탁월한 능력이 있는 아이들도 몇 명 있었지만, 그런 경우는 정말 흔하지 않았습니다.

아이들을 유학이나 연수를 보내려고 계획할 때 경제적인 여건을 떠나서 가장 신경 쓰이는 부분이 바로 아이들 케어 부분입니다. 특히 초등학생같이 어린 친구들이라면 더욱더 그렇겠죠. 그래서 유학원 등에서 진행하는 모든 연수/유학 프로그램은 초등학교 3학년 이

상을 대상으로 하고 있습니다. 더 어리다면 엄마가 보고 싶어서 학습을 할 수 없는 경우가 생길 수 있기 때문이죠. 어쨌든, 이 케어 부분을 어떻게 해결할까 고민하다 보면 대부분 세 가지 방법이 떠오르실 겁니다.

1. 유학원을 끼고 보내는 방법
2. 현지에 사는 친척에게 보내는 방법
3. 부모가 직접 데리고 가는 방법

누가 물어본다면 저는 3→1→2의 순으로 추천해 드리고 싶습니다. 그럼 왜 2번이 가장 좋지 않은 방법일까요? 1번도 있는데 말이죠… 아시는 분은 아시겠지만, 친척(가깝거나 먼 것을 떠나서)에게 자녀를 맡기게 되면 당연히 자녀들의 생활비를 친척에게 보내는 경우가 많습니다. 자녀가 어려서 돈 관리를 제대로 할 수 없다고 생각하기 때문이죠. 이럴 경우 부모가 보내 주는 돈에 비해 친척이 잘해 준다고 느끼는 유학생은 지금껏 보지를 못했습니다.

예를 들어 부모는 매달 200만 원을 보내 주는데, 본인한테는 매달 용돈 40만 원만 주고 나머지는 어디에 쓰는지 모르겠으나 밥도 잘 챙겨 주지 않고, 냉장고는 맨날 비어 있고, 집에 잘 계시지도 않고, 그렇다고 내 집처럼 편하지도 않아서 전화 등을 많이 쓰기도 눈치 보이고, 수건 많이 쓰기도 눈치 보이고, 친구를 집으로 초대하기도 눈치 보이고… 그렇다고 돈을 더 달라기도 어색하고… 이런 생각은 아무리 나이가 어리다고 해도 친척 집에서 생활하는 아이들이 대부분 느끼는 고충입니다.

그리고 이런 생각이 자꾸 들게 되면 결국은 친척과도 멀어질 수밖에 없고 심지어 분쟁이 일어나기도 합니다. 저 또한 고등학교 때 친척 집에서 생활하다가 이런 분쟁이 생겨 집을 나와서 어떤 한국 부부가 하는 하숙집에 들어간 적이 있는데, 얼마나 편하게 잘 지냈는지 왜 진작 들어가지 않았을까 싶었습니다.

제 주위에서도 친척 집에서 생활하는 친구들은 나중에 좋지 않게 끝나는 경우가 많았습니다. 한마디로 남의 손에 자녀를 맡길 생각을 하신다면 차라리 모르는 사람에게 일정 비용을 지불하고 맡기는 게 더 좋은 결과로 이어지기도 한다는 것입니다. 그래도 친척인데 조금은 더 낫겠지 하는 마음도 이해는 가지만 왜 삐뚤어질 수 있는지 알게 되셨다면 아예 기대하지 않는 것이 더 현명합니다.

하지만 어쨌든 유학원이든 친척이든 남이죠. 여건이 호락호락하지 않아도 저는 정말 보내실 생각이 있으시다면 무리를 해서라도 부모님(또는 부모 중 한 명)이 동행하는 게 너무 뻔한 말 같지만 정말 중요하다고 봅니다. 가끔은 이런 상식적인 것을 무시하거나 현지 상황을 잘 몰라서 일어나는 상황들이 우리 아이가 단순히 언어를 배우는 것이 아니라 모든 것이 새로운 문화를 체험하고 적응해 나아가는 데 얼마나 큰 걸림돌이 될 수 있는지를 꼭 생각해 보시기 바랍니다. 다른 사람 탓만 할 수도 없는 것이, 예를 들어 유학원 소개로 외국인 Host Family(하숙을 놓는 가정을 부르는 말)에 들어가 아이가 잘 생활하고 있는 줄 알았는데, 알고 보니 그 집에서는 아침을 우유 한 잔으로 하고 있었다고 가정합시다.

우리 아이는 아침에 우유를 마시면 설사를 하는 체질인데 낯선 환경에서 이런 말도 제대로 못 하고 계속 아침에 우유를 마시고 설사를 하고 있었다면 이 부분은 꼭 Host Family의 잘못이라고 보기가 어렵겠죠. 그렇기 때문에 저는 가급적 아니 무리를 해서라도 부모가 동행하는 것이 자녀의 학습적인 효과를 위해서도 큰 도움이 된다고 생각하고, 부득이 자녀만 보

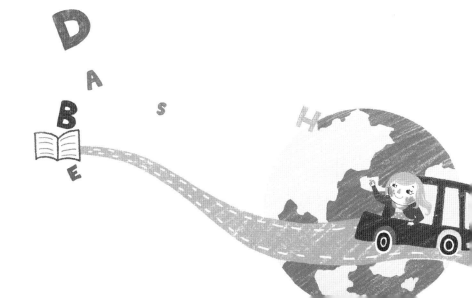

내는 경우라면 친척과는 동거는 피하되 근처에 살아서 급할 때 도움을 받을 수 있는 정도가 알맞다고 생각합니다.

또 한 가지 제가 유학을 하면서 의아했던 부분은 한국에서 문제를 일으키거나 학습을 따라가지 못한 아이들을 유학 보내는 것이었습니다. 부모를 떠나 더욱 out of control이 되는 해외 유학을 왜 보내는지 정말 이해할 수가 없었습니다. 부모 밑에서도 어려웠던 아이들이 외국에 나가면 도대체 어떻게 될까요?

유학 생활… 생각보다 많이 힘들고 외로운 생활입니다.

얼마 전 종영한 드라마 '상속자들'에서 주인공이었던 김탄(이민호)처럼 호화 유학 생활을 하는 아이는 일부 중동의 왕가에서 유학온 아이들을 빼면 전혀 본 적이 없습니다. 제가 보았던 대부분의 유학생들은 경제적으로 넉넉하지 않아서 중고차 하나 사기도 힘들고 생활비도 모자라 학교에 다니면서 남는 시간에 한국 식당이나 마켓에서 아르바이트를 몇 개씩 하는 아이들이 대부분이었습니다. F1 비자로 유학 온 학생들은 법적으로 일할 수가 없게 되어 있으므로 대부분 한국 사람이 운영하는 가게에서 불법으로 일을 합니다.

그래서 악덕 사장을 만나 일을 하고 돈을 떼여도 아무 조치를 할 수 없었던 아이들도 많이 봤습니다. 경제적으로도 여유롭지 않은데 학교에 가면 영어를 배우는 것이 아니라 영어로 학문을 배우게 됩니다.

영어도 모르겠는데 그것으로 여러 과목을 공부한다는 게 쉬울 리가 없습니다. 게다가 우리나라처럼 아이들이 일정한 그룹을 만들어서 생활하는 것이 아니라 철저한 개인주의로 생활하므로 친구를 사귀기도 쉽지가 않습니다.(제가 연세대에 교환 학생으로 왔을 때, 학생회관에서 밥을 혼자 먹었는데, 그 많은 학생 중에 혼자 식사하는 사람은 저 혼자더군요. 정말 민망했습니다. 모두가 다 나를 쳐다보는 느낌도 들고요. 미국에서는 점심시간에 혼자 식사하는 아이의 비율이 50% 정도 됩니다.) 게다가 친구를 사귀려면 대화가 되어야 하는데 그 또한 어려우니 결국은 한국 유학생끼리 몰려다니게 되는 경우가 많습니다.

앞에서 언급했듯이 같이 사는 친척이나 Host Family 등과 문제가 있으면 더더욱 그렇고요. 학교생활도 힘든데 집에 들어가면 반겨주는 사람도 없고 밥해 먹기도 귀찮고 결국 친구들이랑 몰려다니게 되죠. 이렇게 친구들과 함께 서로 의지하면서 지내는 것이 나쁘지는 않지만, 몰려다니면서 음주, 흡연, 싸움 등 나쁜 행동을 그룹으로 하게 되는 자주 있고 더 삐뚤어지면 마약을 하거나 개념 없이 동거를 하기도 한다는 거죠. 모든 유학생이 제가 언급한 대로 삐뚤어지지는 않지만(Jack처럼 ^^), 한국에서 이미 문제가 있었던 아이들이 해외 유학을 왔을 때 왜 더욱더 삐뚤어질 수 있는지 여러모로 생각해 보시기 바랍니다.

제가 보았던 가장 심한 경우는 부모님에게는 학교를 한 학기 더 다녀야 한다고 거짓말하고 여자친구와 Las Vegas에 놀러 가서 한 학기 등록금을 탕진하고 온 것이었는데, 정말 그 아이의 얼굴은 잊히지가 않는군요. 그 여자친구가 좀 예쁘긴 했습니다.^^ 그런데 여행 다녀와서 몇 달 후에 그 커플은 깨지더군요.

저는 만 15세부터 캐나다에서 혼자서 생활했는데 가장 뼈저리게 느꼈던 부분이 내 부모님이 그동안 나를 위해서 얼마나 많은 일을 해 주셨는가 하는 것이었습니다.

기본적인 학교생활 이외에 제가 처리해야 했던 일들을 살펴보면 가사(밥, 빨래, 설거지, 청소, 장보기 등), 신원 관리(비자, 여권 연장 등), 금융 관리(은행, 보험 등), 자동차 관리(주유, 정비 등)를 비롯해 공과금 처리, 이사 등을 어린 나이에도 혼자서 모두 처리해야 했습니다. 이런 일들을 제 부모님이 같이 살면서 처리해 주셨다면 저는 더욱더 학업에 전념할 수 있었을 것입니다. 물론 더 많은 시간을 노는 데 썼을 수도 있었겠지만요.^^

필자가 롯데 호텔에서 근무하던 시절이다. 우리 부서 담당 조 과장님은 영어 이름이 Jason이어서 외국 업체에서는 모두 Jason으로 알고 있었다. 어느 날 한 국내 업체 사장님께서 전화를 주셨다.

나 : 전화 주셔서 감사합니다.

　　　　롯데 호텔 마케팅부입니다.

사장님 : 수고하십니다. 거기 혹시 조자손 씨라고 계신가요?

나 : 네? 어떤 분이요?

사장님 : 조 자 손 씨요.

나 : 아, 네… 저희 부서에는 그런 분이 없습니다.

조 과장 : 야야!! 그거 내 전화야, 나한테 돌려줘.

나 : 네?!? 왜 과장님이 조자… 풋!… 우하하하하.

그렇다. 그 전화를 주셨던 사장님은 흔히 제이슨이라고 부르는 영어 이름을 자손이라고 또박또박 읽으셨던 것이다.

8

"여기 원어민 100% 수업인가요?"

8

"여기 원어민 100% 수업인가요?"

제가 학원 운영을 하면서 가장 많이 들은 말입니다. 학부모의 원어민에 대한 애정과 신뢰는 제가 생각했던 것보다 훨씬 컸습니다. 마치 우리나라 국민 대부분이 외국인에게 매우 친절한 것과 비슷하게 보이는데요. 사실 외국에 나갔을 때 다른 나라에서 방문한 외국인에게 우리나라처럼 친절한 나라는 그리 많지 않습니다.

특히 서부권에서는요. 그런데 말입니다… 굉장히 아이러니한 부분이 있는데, 그 친절도가 모든 외국인이 아니라 주로 서양인들에게 맞춰져 있다는 것이죠. 중동에서 온 아랍계나 동남아시아, 또는 흑인 방문객에게는 그다지 친절하게 대해 준다는 생각이 들지 않습니다.

그러다 보니 학원 업계에서도 원어민을 채용할 때 백인 위주로 채용이 이루어집니다.

어쨌든 이런 무한 신뢰를 받는 원어민 선생님이 어떠한 과정을 거쳐 국내로 들어오게 되고 왜 우리나라에 들어와서 ESL 선생님을 하는지 좀 살펴볼 필요는 있습니다. 일단 들어오는 과정을 간단하게 설명하면 학원이나 학교에서 채용 공고를 내고 선생님이 지원하면(또는 리크루팅 업체가 선생님 추천) 그때부터 채용 절차가 이뤄집니다. 우리나라에서 선생님으로 체류하기 위한 E2 비자를 받기 위해서는 출입국관리사무소에서 요구하는 서류가 굉장히 많은데요, 졸업장 원본은 물론이고 졸업한 대학교에서 직접 보낸 개봉하지 않은 성적 증명서와 각 나라 국가 기관에서 정식으로 발급한 범죄 이력서 등이 있습니다.

어쨌든 전화 면접을 마친 후 채용이 진행되면 계약서를 쓰고, 그 후 비자를 위한 서류가 준비되면 학원에서 그 선생님 주소지에서 인천으로 들어오는 편도 항공권을 보내주게 되는데 이렇게 되면 그 선생님의 취업 여정은 시작됩니다. 보통 지원 자격은 전공에 상관없이 4년제 대학을 졸업한 분들이고, 주로 미국/캐나다/영국/아일랜드/호주/뉴질랜드/남아프리카 국적의 선생님들을 많이 채용합니다.

자 그럼, 지금부터 제가 미국에서 대학 졸업 후 경험했던 일들을 바탕으로 원어민 선생님들이 왜 한국에 들어오는지 살펴보겠습니다. 제가 오레곤 주에서 대학을 마친 후 LA로 가서 처음 취업한 곳이 은행이었습니다. 미국에서는 아시다시피 대학생 이후로는 부모님과 같은 집에서 생활하는 아이들이 거의 없습니다. 취업하더라도 자기 거주를 본인 스스로 해결해야 하므로 주로 아파트를 임대(월세)합니다.(외국에는 전세가 없습니다.) LA가 물가가 그리 높지 않은 도시임에도 studio(원룸)를 임대하려면 약 800달러 정도의 돈이 매달 필요합니다.

게다가 미국에서 내는 소득세는 우리나라와는 비교도 안 될 만큼 높습니다. 그리 높지 않은 연봉에도 연말 정산 후 최종적으로 냈던 세금이 약 28% 정도였던 것으로 기억합니다.(미국 직장인에게는 우리나라처럼 많은 소득 공제-신용 카드/의료 실비/보험료/종교 기부금 등- 혜택을 주지 않으므로 혼자 사는 사람들과 고액 연봉자들에게 특히 더 세금이 높게 부과됩니다)

그러다 보니 세금을 제외하고 실제 받는 월급이 2,000달러 정도였는데, 거기서 아파트 임대료 800달러, 자동차 유지비 300달러(주유비는 저렴한 편이지만, 보험비가 비싼 편입니다), 공과금 100달러, 식비 400달러, 기타 잡비 200달러 정도를 제외하면 저축할 수 있는 돈은 거의 없고 어쩌다 여행을 가거나 쇼핑을 하면 그 달은 적자가 되곤 합니다. 게다가 미국에서는 401K나 Social Security 같은 노후를 위한 연금 형식의 제도는 있지만 퇴직금 제도는 없습니다.

미국에서도 대학 졸업 후 취업하기도 힘들지만, 취업 후에도 넉넉한 생활이 어렵기 때문에 많은 사람들이 정부에서 받은 대학 학자금 대출도 10년이 넘어서야 갚을 정도입니다.(미국에서는 대부분의 학부모가 자녀 대학 등록금을 내주지 않기 때문에 학생들 대부분이 학자금 대출을 받습니다)

이렇게 빡빡한 생활을 해야 하는 것이 현실인데, 한국으로 슬쩍 눈을 돌려보면 상상하지도 못한 많은 혜택이 있습니다. 일단 시작부터 선생님이 어디에 있든지 간에 항공권을 학원에서 제공합니다.(1년을 체류해야 하므로 왕복으로 끊지도 못하고 편도를 끊어야 합니다.) 우리나라에서 제공하는 원어민 선생님 월 급여는 대략 220~260만 원 정도 됩니다. 급여 자체는 그리 높지 않지만, 우리나라의 소득세는 미국에 비해 굉장히 낮은 편입니다.

게다가 차감 금액 중 많은 부분이 국민연금인데 원어민 선생님 대부분은 본국으로 돌아갈 때 납부했던 국민연금 전체를 다시 되돌려 받을 수 있습니다. 학원에서 제공했던 50%까지도요. 심지어 가장 지출이 큰 거주를 학원에서 오피스텔이나 원룸 등을 임대하여 선생님에게 제공합니다. 거기에 퇴직금도 있고 아직은 미국보다 낮은 생활 물가 및 놀라우리만치 잘 되어 있는 대중교통 덕에 자동차가 따로 필요 없는 부분도 큰 장점입니다. 이렇다 보니 실제 지출은 공과금이랑 식비 정도밖에 없고 급여의 많은 부분을 저축할 수 있게 됩니다.

실제로 국내 한 영어 유치원에서 약 4년간 원어민 선생으로 일했던 제 캐나다 고등학교 동창은 한국을 떠나면서 자기 학자금 대출을 다 갚았다고 좋아했습니다. 그나마 제 친구는 착하고 순진한 아이라 자기 대출금을 갚는 데 돈을 썼지만 많은 원어민 선생님들은 이렇게 남는 돈을 이태원이나 강남 등에서 유흥비로 쓰기도 합니다. 물론 원어민 선생님들이 자기가 번 돈을 어떻게 쓰는지가 중요한 것은 아닙니다.

다만 우리나라에 선생님으로 입국하는 자체가 우리나라 영어 교육에 이바지한다거나 교수법이 출중해 아이들을 가르치고 싶어서 오는 것이 아니라 이러한 좋은 혜택이 있기 때문에 오는 선생님들이 대부분이란 점은 짚고 넘어가야 합니다.

원어민 선생 입장에서 바라 본 개인 소득 차이

- 평균 30% 이상의 소득세 (연말정산 후)

- 아파트 월 임대료 (약 $800 이상)

- 퇴직금 X, 높은 생활 물가

- 세금 거의 안냄
  (국민연금 학원 납부 포함 모두 돌려받음)

- 주거 : 학원 제공, 왕복항공편 : 학원 제공

- 퇴직금 O, 낮은 생활 물가

개인적으로 원어민 선생들에게 너무 많은 혜택이 있다고 생각합니다. 그러다 보니 원장들도 높은 인건비에 맞춰 많은 요구 사항이 생기고, 그쪽 문화를 잘 이해하지 못하는 우리나라 대부분의 어학원 원장들과 원어민 선생들의 갈등은 학부모들은 모르지만 의외로 굉장히 빈번합니다. 예를 들어 제가 6과에서 언급한 대로 선생은 몸이 아파서 병가를 자연스럽게 쓰려고 하는데 원장은 이해를 못

하는 경우도 있고, 새 학기를 맞이해서 너무 학원이 바빠서 모든 운영진과 한국인 선생들은 주말에도 별도의 수당 없이 출근하기로 했는데 원어민은 이해를 못 하는 등의 상황이 자주 발생합니다.

이런 식으로 운영진과 마찰이 커지면 서로에게 불만은 쌓여 가고 거기서만 끝나면 좋은데 종종 우리 아이들에게도 피해가 갑니다. 그래서 학원을 둘러보실 때 원장 및 운영진이 어떤 사람들인지도 꼼꼼하게 확인해 보셔야 합니다.

원어민 선생들을 잘 관리할 스펙이나 능력이 있는 운영진으로 구성되어 있는지는 생각보다 더 중요합니다. 제가 보았던 최악의 원어민 선생은 원장이랑 다툰 후 그 다음 날 짐을 싸서 본국으로 가버렸던 선생님이었습니다. 원어민 선생들이 1년도 안 채우고 떠나 자주 선생 교체가 있거나 재계약을 해서 2년 이상 일하는 선생이 거의 없다면 그 학원은 원어민 선생들과의 관계가 그리 좋지 않을 수도 있는 학원입니다.

그럼 어떤 원어민 선생님이 괜찮은 선생님일까요? 보통 2년 이상 재계약을 해서 우리나라에서 수업하고 계신 분들은 어느 정도 아이들에 대해서 열정도 있고 효율적으로 가르치는 방법도 터득하신 분이라고 볼 수 있습니다. 드물기는 합니다만, 우리나라 배우자와 결혼해서 아예 정착하신 원어민 선생님들은 훨씬 더 책임감을 가지고 일할 수 있습니다. 입국 첫해인 선생들은 선생들 자체도 중요하지만 운영자의 능력에 따라 그 선생들의 태도가 많이 달라질 수 있습니다.

어쨌든, 저는 개인적으로 위의 이유 등을 근거로 100% 원어민 수업보다는 50% 정도의 원어민 수업이 적당하다고 생각합니다. 100% 원어민 수업 진행 시 또 문제가 되는 부분은 상담을 보통 담당하고 있는 한국인 보조 교사와 해야 한다는 점입니다. 보조 교사들은 수업에 참여하지 않고 높은 원어민 인건비에 따라 거의 아르바이트생 수준의 급여를 받고 일하시는 분들이 대부분입니다.

한마디로 원어민 선생과의 의사소통도 원활하지 않다는 것이죠. 그런 분들과 학부모가 아무리 자녀에 대해서 상담을 하여도 구체적인 상담이 이뤄질 리가 없습니다. 다시 한번 강조 드립니다만, '원어민 선생이니까 알아서 다 잘하겠지'라는 생각은 이미 경제학적으로 위험합니다.

어느 날 친구 민수(가명)와 근처 레스토랑에 가서 식사를 하고 있었다. 식사를 마치고 민수가 종업원을 불렀다.

Waitress : Yes, do you need anything, sir?

(뭐 더 필요하신 거 있으세요?)

Minsoo : Yes, can I have the bill please?

(네, 계산서 좀 주시겠어요?)

Waitress : Sure, can I see your ID?

(그럼요, ID 좀 보여 주시겠어요?)

* ID란 identification의 줄임말로, 신분증을 말합니다. 미국에서는 보통 ID로 운전 면허증을 가장 흔하게 사용하고, 면허증이 없는 경우는 여권을 사용합니다.

우리나라의 주민등록증에 해당하는 Social Security Card는 사진이 없기 때문에 보통 ID로 사용하지는 않습니다.

Minsoo : [왜 ID를 보여달라는 거야…]

Ummm. OK, here is my passport.

(네, 여기 여권이요.)

Waitress : Thanks. I will bring it right away.

(감사합니다. 곧 가져다 드릴게요.)

잠시 후 그 종업원은 맥주 한 병을 가져다주었다.

그렇다. 발음이 안 좋아서 bill(계산서)를 beer(맥주)로 알아들은 것이었다. 필자는 그 친구에게 다음부터는 오해(?)의 소지가 있는 bill이란 단어를 쓰지 말고 똑같은 의미인 check를 쓰라고 권해 주었다.

9

결 론
··
그래서...
도대체 어떻게??

결 론
그래서… 도대체 어떻게??

이제 결론을 내려 보겠습니다. 과연 어떠한 영어 교육이 우리 아이들에게 가장 필요할까요? KBS 스페셜에서는 외국인 취재진이 국내 취재를 하는 것으로 가장해 길거리 인터뷰를 진행했었는데요. 그 결과가 참으로 놀라웠습니다. 소위 우리나라 엘리트들이 모여 있다는 여의도 증권가, 다양한 문화가 있는 명동 거리, 서울대 캠퍼스 안에서 인터뷰를 진행했는데 대부분의 사람들이 동료에게 떠넘기거나 도망가기 일쑤였고, 그나마 인터뷰를 한 사람들도 외국인은 이해하기 힘든 어순과 표현으로 인터뷰를 진행하는 것이 보였습니다.

그렇습니다. 바로 말하기. 이 말하기가 우리나라 공교육이 절대 잡아 줄 수 없고 또한 언어를 배울 때 가장 힘든 부분이기도 합니다. 물론 말하기를 하기 위해서는 기본적인 발음, 어휘, 듣기, 문법이 필요합니다. 하지만 결국은 실용적인 말하기가 되느냐 안 되느냐에 따라 진짜 영어 실력이 가려집니다. 특히 우리나라에서는요.

그럼 말하기는 어떻게 해야 잘하게 되는 걸까요?

저는 제가 요새 한창 클럽 활동하고 있는 배드민턴에 비유하고 싶습니다. KBS 스페셜에서는 자전거나 수영에 비유했지만, 배드민턴에 비유하고 싶은 이유는 영어가 자전거나 수영처럼 혼자 하는 것이 아니고 할 수도 없기 때문입니다.

어떻게 하면 배드민턴의 고수가 될 수 있을까요? 의외로 간단합니다. 고수와 계속해서 게임을 하면서 레슨을 받으면 본인 역시 고수가 될 수 있습니다. 물론 개인적인 능력에 따라 중수에서 머무를 수도 있고 오랜 시간이 걸릴 수도 있지만, 분명한 것은 고수로 가는 길은 정해져 있다는 말입니다.

기본적으로 그립 잡는 방법, 클리어/드라이브/드롭샷 등의 구사 방법, 로테이션 방법(영어에서는 발음, 어휘, 문법 등) 등을 알아야 하겠지만, 결국은 게임이나 시합에서 얼마나 잘하느냐(영어에서는 말하기 능력)가 그 사람의 진짜 실력입니다.

그리고 이 진짜 실력은 man to man을 통한 실전 훈련을 통해서 얻을 수 있지, 책이나 인터넷 또는 비디오나 고수들의 경기 관람을 통하여 얻어지지 않음을 누구나 알고 있습니다.

그럼 영어는요? 똑같습니다. 제가 영어 강사를 하면서 가장 많이 받았던 질문이 어떻게 하면 영어를 빨리 잘할 수 있는지였습니다. 그런데 희한하게도 어떡하면 배드민턴을 빨리 잘할 수 있는지는 아무도 안 물어봅니다. 방법은 똑같은데 말이죠. 꾸준히 오랫동안 하는 방법밖에 없고 빨리 잘하는 방법은 없습니다.

문제는 꾸준히 오랫동안 했는데도 잘 못하는 경우인데 이런 경우가 제가 4과에서 언급한 Off the Track 그룹이고 man to man을 통한 실전 말하기 연습이 이뤄지는 것이 아니라 책(story book)이나 인터넷(online 학습), 비디오(동영상 학습)나 고수들의 경기 관람(청취/읽기/단순 따라 읽기 학습)이 위주가 되는 수업을 받고 있기 때문이라고 생각합니다.

외국인과 결혼한 사람은 왜 영어(말하기)를 잘하게 될까요?

실제 생활에서 끊임없이 배우자와 man to man (이 경우는 man to woman^^)으로 대화하면서 본인 스스로와 배우자의 도움으로 잘못된 부분을 개선해 나가면서 영어를 자연스럽게 잘하게 되는 것이죠.

제가 앞에서 언급했듯이 배드민턴은 혼자서 벽 치기 하면서 하는 운동이 아닙니다. 반드시 파트너가 있어야 하고 그 파트너가 본인보다 고수여야만 본인 실력이 늘어납니다. 영어도 마찬가지 입니다. 반듯이 파트너가 있어야 하고 그 파트너가 본인보다 고수여야 합니다.

그런데 말입니다… 제가 초급 수준으로 배드민턴을 하는데 과연 레슨을 강의 경험이 많고 실력도 있으신 동네 코치님에게 배우는 것이 더 나을까요, 국가대표 이용대 선수에게 배우는 것이 나을까요? 저 또는 우리 아이가 초급 수준의 영어를 구사하는데 강의 경험이 많고 실력도 있으신 국내 선생님에게 배우는 것이 나을까요, 강의 경험은 별로 없지만 영어가 모국어인 원어민 선생님에게 배우는 것이 나을까요?

남을 가르치는 실력하고 본인이 잘하는 실력은 엄연히 다른 재능입니다.

제가 자꾸 원어민 선생님들을 언급하는 이유는 원어민 선생님에게 수업을 받는 것이 나쁘다는 말이 아니라 영어는 꼭 원어민 선생님에게 배워야 한다고 생각하시는 학부모님들이 너무 많으셔서 꼭 그렇지만은 않다는 근거 있는 견해를 알려 드리기 위해서입니다.

그리고 저는 실제로 실력 있는 국내 선생님에게 배운 아이들이 원어민 선생님에게 배운 아이들보다 더욱 분명하고 구체적으로 학습 효과가 나타났던 것을 무척 많이 경험하였습니다.

또 하나 중요한 부분이 있는데 우리 아이를 가르치는 사람은 결국 담당 선생님이지 학원이 아닙니다. 제가 12년의 해외 생활을 정리하고 우리나라에 들어와서 상당히 놀란 부분 중 하나가 일반적으로 많은 사람들이 브랜드에 굉장히 예민하다는 점입니다.

XX 자동차가 좋다고 하지만 내가 사는 XX 자동차가 좋아야 하는 것이고, XX 미용실이 좋다고 하지만 내 머리를 잘라 주는 헤어디자이너가 좋아야 하는 것입니다. 마찬가지로 XX 어학원이 좋다고 하지만 결국 내 아이를 가르치는 선생님이 좋아야 합니다.

선생님과 함께 그 학원의 운영자(원장, 부원장, 교수부장 등)도 세심하게 볼 필요가 있습니다. XX 어학원이 아무리 좋다고 해도 우리 동네 XX 어학원이 좋아야 하는 것이니까요. 'XX 어학원이니까 알아서 잘 가르치겠지' 또는 '여기는 아이들이 많으니까 좋은 곳이 겠지'라는 위험한 생각은 버리시기 바랍니다.

의외로 복불복의 결과가 많이 나오는 곳이 학원이고, Off the Track으로 배웠거나 영어에 흥미를 잃은 아이들은 나중에 제대로 된 교육을 받더라도 돌이키기에는 너무 늦습니다.

제가 강의를 하고 상담을 하다 보니 이렇게 멀리 가 버린 아이들이 생각보다 많이 있었습니다. 행여나 '초기에는 대충 가까운 데 보내고 나중에 제대로 시켜야지'라는 생각을 하신다면 나중에 제대로 평생 못 시키게 될 수도 있다는 생각을 꼭 해 보시기 바랍니다. 제가 학원을 운영할 때 어떤 학부모께서 5학년인 자녀를 데리고 오셔서 영어를 해 본 적이 없는데 들어갈 수 있는 반이 있느냐고 물어보셨습니다.

저는 많이 당황하셨습니다.ㅡ.ㅡ::(많이 당황하셨어요? 개콘 대사.) 그래서 초급반에 들어가려면 초등학생 1~2학년들과 수업을 같이 해야 한다고 설명해 드렸더니 그것은 또 싫다고 하셨습니다. 도저히 답이 나오지가 않아 할 수 없이 저희 학원에 들어올 수 있는 반은 없다고 말씀드렸습니다. 아마 다른 학원을 가셔도 비슷한 대답을 들었을 것입니다.

가끔가다 이런 식으로 학부모 상담이나 설명회를 진행하는 원장들을 보았습니다. "본사에서 다 알아서 잘하니까 걱정 마세요.", "저희 운영진이 다 알아서 잘하니까 걱정 마세요." 그런데 의외로 이런 무책임한 말에 넘어가는 학부모(특히 어머니)가 많다는 사실이 굉장히 놀라웠습니다. 그래서 저는 지금 글을 씁니다. 이런 멘트를 듣고 그냥 넘어가지 말고 무엇을 어떻게 다 알아서 잘하실지를 문의하시기 바랍니다. 그리고 구체적인 설명을 듣고 본인이 직접 판단하시기 바랍니다. 다 알아서 잘해 준다는 말 들으러 일부러 시간 내서 상담받으러 가는 학부모는 아무도 없으니까요.

마지막으로 우리 자녀들의 영어 교육을 위한 check list를 만들어 보았습니다. 참고해 보세요.

- 자녀 영어 교육에 대하여 학부모 스스로 기준을 갖고 본인과 우리나라 공교육의 영어의 문제점을 자녀에게는 물려주지 않도록 노력해 보자.

  예를 들어 KBS 스페셜에서 나왔듯이 우리나라 공교육만 마쳐도 영어 단어는 일상생활에서 불편하지 않을 수준으로 충분히 알게 된다. 어려운 단어를 자꾸 주입시키지 말고 쉬운 단어들을 어떤 상황에서 어떤 문장으로 쓰는지가 더 중요하다는 것을 기억하자. 매달 단어를 100개를 외운다고 하더라도 그 단어를 어떻게 어떤 상황에서 사용하는지를 모른다면 여전히 시험용 영어를 배우고 있는 것이다. 또한 어떤 상황에서 사용할 줄 모르는 그 100개의 단어 중 다음 달에는 과연 몇 개의 단어를 기억할까?

- 영어는 평생 배워야 하는 언어이다.

  우리 아이를 단거리 선수로 오버 페이스 시키지 말자.

- 우리 아이를 너무 baby로만 보지 말자.

  6세부터는 부모 생각보다 훨씬 많은 것을 할 수 있다.

- 일정 기간이 지나면 반드시 아이들의 말하기/쓰기 능력(무언가를 줄줄 따라 읽는 것이 아니라 자기의 생각을 표현하는)을 꼭 확인해 보자.
  단, 너무 조급해하지는 말자.

- 영어 공부가 항상 즐겁지는 않다.
  어느 정도의 엄격함, 부드러움, 흥미를 갖고 공부를 할 수 있도록 부모의 노력도 반드시 필요하다. 본인은 항상 마사지 받으러 다니면서 아이들은 열심히 공부하겠거니 생각하기에는 우리 아이들이 아직 너무 어리다. 아이들은 왜 영어 공부를 해야 하는지 모른다. 무언가를 할 때 동기 부여를 하는 것은 아이들이나 어른들이나 참 중요한 요소이다. 동기 부여를 어떻게 할지는 부모의 몫이다. 아이들을 가장 잘 알고 있는 부모가 아이들의 성향에 맞춰서 최선의 방법을 찾아야 한다. 원어민 선생님이랑 재미있게 노는 수업은 어머니의 동기 부여는 되지만, 아이들에게는 동기 부여가 되지 않는다.

- 브랜드나 일반적인 생각에 빠지지 말자.

강남에 산다고 다 잘사는 것은 아니다. 학부모가 하나라도 더 알고, 노력하고, 직접 발로 뛰어다니면 우리 아이는 한층 더 바른 교육을 받게 된다. 학원비가 비싸다고 더 교육의 질이 좋은 것은 아니다. 수강생이 많다고 좋은 학원일 수는 없다. 그렇기 때문에 학부모의 기준이 있고 없고가 굉장히 중요하다. 한 학원을 등록했다고 해서 끝났다고 생각하지 말고 계속해서 다른 학원과 비교해 보고, 특히 아이를 담당하는 선생님이 괜찮은 분인지 나름대로 판단해 보도록 하자.

그렇다고 몇 개월도 안 되어서 이 학원에서 저 학원으로 옮겨 다니는 것은 더 좋지 않으므로 충분히 검토한 다음 아이의 교육장을 정하자. 어느 학교를 보내면 좋을지에 대해서는 너무나 민감하면서 어느 학원을 보내면 좋을지는 왜 많이 생각하지 않는 것일까?

- 영어 교육의 목적은 단순하다.
  다른 부분에 너무 휘둘리지 말자. 학원 시설, 시험 성적,
  수업 외 활동, 교재 난이도, 수강 인원, 원어민 선생 비율
  등. 다 좋은 게 물론 좋지만, 가끔은 다른 요인들이 내 본
  래의 목적을 흐릿하게 할 수도 있다는 점을 알자.

- 그럼 그 단순한 목적의 어울리는 곳은 어디인가?
  좋은 커리큘럼, 좋은 선생님(꼭 원어민이 아니어도), 좋은
  운영자, 그리고 좋은 배출생이다.

Jack 쌤의 이력

1988. 2. 서울 여의도 초등학교 졸업

1990. 6. Emerson Jr. High school 졸업 (미국)

1994. 6. Fraser Valley Christian High School 졸업 (캐나다)

1999. 6. University of Oregon 졸업 (미국)

2000. 2. Pacific Union Bank (가주 외환은행 LA 지점)에서
          Loan Officer로 근무

2003. 1. ㈜ 롯데 호텔 본점 영업 전략팀 마케팅 담당으로 근무

2004. 10. ㈜ 그라비티 해외 마케팅 담당으로 근무

2006. 7. Testwise SISA 어학원 Speakwise 회화 강사 근무

2008. 10. 파고다 어학원 회화 강사 근무

2009. 4. POLY 어학원 교수부장 근무

2010. 1. 캉스 어학원/캉스 키즈 원장

2014. 2. 서울외국인학교(SFS) substitution teacher

2006. 5.~ 현재 프리랜서 강사로 다수 기업체 출강

Biz Eng. ： LG전자, 이온소프트, 한화손해보험,
          우리투자증권, GS홈쇼핑, LG Display 등

OPIc   ： 삼성SDS, 민병철어학원

English Interviewer ： 현대Hysco, NH은행,
                    대림산업, 신세계백화점 등

이 책을 쓰면서 참고 했던 video

KBS 스페셜 2011년 12월 18일 자 "당신이 영어를 못하는 진짜 이유"

초판 1쇄 인쇄일 2014년 03월 24일
초판 1쇄 발행일 2014년 03월 26일

지은이 정성민
펴낸이 김양수
편집디자인 곽세진

펴낸곳 🐟 도서출판 맑은샘
출판등록 제2012-000035
주소 경기도 고양시 일산서구 중앙로 1456 604호(주엽동 18-2)
대표전화 031.906.5006 팩스 031.906.5079
이메일 okbook1234@naver.com
홈페이지 www.booksam.co.kr

ISBN 978-89-98374-55-6 (03370)

「이 도서의 국립중앙도서관 출판시도서목록(CIP)은 서지정보유통지원
시스템 홈페이지(http://seoji.nl.go.kr)와 국가자료공동목록시스템
(http://www.nl.go.kr/kolisnet)에서 이용하실 수 있습니다.(CIP
제어번호: CIP2014009432)」